Kurt Tepperwein

Gesund für immer

AF187530

KURT TEPPERWEIN

Gesund für immer

Lassen, was dem Körper schadet
Tun, was den Körper stärkt
Verstehen, was der Körper will

Die hier vorgestellten Informationen sind nach bestem Wissen und Gewissen geprüft. wir übernehmen keinerlei Haftung für Schäden irgendeiner Art, die sich direkt oder indirekt aus dem Gebrauch der hier vorgestellten Anwendungen ergeben. Bitte nehmen Sie bei ernsthaften Beschwerden professionelle Diagnose und Therapie durch ärztliche und naturheilkundliche Hilfe in Anspruch.

Originalausgabe Januar 2005
© 2005 Wilhelm Goldmann Verlag, München,
in der Verlagsgruppe Random House GmbH

Sonderauflage 2017 © by IAW Anstalt, Vaduz
www.iadw.com

ISBN: 978-3-7460-0890-5

Die Deutsche Nationalbibliothek verzeichnet diese Publikation
in der Deutschen Nationalbibliografie; detaillierte bibliografische Daten
sind im Internet über www.dnb.de abrufbar.

Umschlaggestaltung: www.layART.li
Umschlagmotiv: ©fotolia.com/robodread

Herstellung und Verlag: BoD – Books on Demand, Norderstedt
Made in Germany

Internationale Akademie der Wissenschaften (IAW) Anstalt, FL-9490 Vaduz
Tel. +423/233 12 12, Fax +423/233 12 14

Inhalt

TEIL II

Vorwort

Gesundheit als Lebensaufgabe

Das Thema des Buches *Gesund für immer* kann und soll Ihr ganzes Leben verändern.

Ich möchte Ihnen zeigen, wie Sie Ihr Leben um etwa zwanzig lebenswerte Jahre verlängern können, wie Sie gesund werden, wenn Sie krank sein sollten, und wie Sie gesund und vital bis ins hohe Alter bleiben.

Der erste Schritt dazu ist zu erkennen, **dass es möglich ist** und dass es in Ihrer Hand liegt. Es kommt nur darauf an, was Sie zu tun bereit sind.

Der zweite Schritt ist die überraschende Erkenntnis, dass wir gar nichts tun müssen, um unser Leben zu verlängern. Wir müssen **nur aufhören, es zu verkürzen!**

Wenn wir geboren werden, kommen wir mit einem Lebenserwartungskonto von mindestens 120 Jahren auf die Welt. Jedes nicht lebensgerechte Verhalten bucht etwas von Ihrem 120-Jahre-Konto ab. Zum Beispiel Ärger. Ärger bucht ein paar Stunden, ein paar Tage, wenn er groß war, vielleicht sogar ein paar Wochen von Ihrem Konto ab. Genauso ist es mit einer Zigarette. Man kann es nett sagen: Jede Zigarette bringt Sie Gott näher, etwa eine

Viertelstunde. Jedes Mal, wenn Sie einen Zug machen, buchen Sie etwas von Ihrem Lebenserwartungskonto ab.

Es geht also darum zu erkennen, wo ich mein Leben verkürze, wo ich Krankheit verursache, wo ich sie notwendig mache. Und es geht darum, das zu ändern. Ich brauche nichts zu tun, um mein Leben zu verlängern; ich muss nur das Lebensverkürzende beenden.

Der dritte Schritt ist die Erkenntnis, dass **Ihr Körper ganz von selbst heilt,** sobald Sie aufhören, Krankheit zu verursachen, und den Körper damit zwingen, Ihnen eine Botschaft in Form von Krankheit und Leid zu schicken. Voraussetzung dafür ist, dass Ihnen die Botschaft bewusst wird. Zu erkennen, wer Sie wirklich sind, und zu leben als der, der Sie sind: als ein ungetrennter Teil des einen Bewusstseins, das IST.

Die Therapie der Zukunft ist die Diagnose dessen, was ist, das Erkennen der Wirklichkeit hinter dem Schein. Das führt zur Einsicht. **Einsicht ist das Universalheilmittel der Zukunft.** Sobald Sie zur Einsicht gekommen sind, ist jede Krankheit heilbar, ganz gleich, welchen lateinischen Namen sie hat. Auch unabhängig davon, was der heutige Stand der Medizin ist.

Gesundheit ist unser natürlicher Zustand. Sobald wir das wissen, erkennen wir, dass Krankheit das Ergebnis einer Störung ist, des nicht lebensgerechten, unnatürlichen Verhaltens. Krankheit ist eine Botschaft des Körpers und eine freundliche Bitte, diese Störung zu beseitigen, damit er dann ganz von selbst wieder heilen kann, den natürlichen Zustand Gesundheit wieder herstellen kann.

Mit anderen Worten: Es kommt nicht darauf an, die Krankheit oder das Symptom aufzulösen, sondern das unnatürliche Fehlverhalten aufzugeben, das die Krankheit ausgelöst und notwendig gemacht hat. Heilung geschieht dann ganz von selbst.

Krankheiten sind gar keine Krankheiten, sondern die notwendige Folge einer unnatürlichen Verhaltensweise. Wir erkennen dies besonders deutlich an den Zivilisationskrankheiten: Herzinfarkt, Arteriosklerose, Schlaganfall, aber auch Haarausfall, Zellulitis oder Karies. Alles das sind überhaupt keine Krankheiten. Es sind die notwendigen Folgen zum Beispiel einer Übersäuerung des Körpers. **Krankheit ist nicht notwendig; sie ist unnatürlich und damit vermeidbar.**

Die sieben Todsünden

gegen ein langes, gesundes und vitales Leben

Es gibt nach unserem derzeitigen Wissensstand sieben »Todsünden«, die ein langes, gesundes und vitales Leben mit Sicherheit verhindern und unsere natürliche Lebensspanne drastisch verkürzen.

Wenn Sie jede dieser sieben Todsünden vermeiden, erleben Sie schon vom ersten Tag an eine ständig wachsende Vitalität und Lebensfreude und haben ein langes Leben vor sich.

Die sieben Todsünden sind:

1. *Rauchen*
   Jede Zigarette verkürzt das Leben und verdoppelt die Krankheiten.

2. *Falsche Ernährung*
   zu viele Kalorien, Zucker, Fett; Vitamin- und Mineralmangel
3. *Übersäuerung und Entmineralisierung*
4. *Bewegungsmangel*
5. *Übergewicht*
   oft durch Diäten und Bewegungsmangel
6. *Blutdruck*
   ständig über 140/80
7. *Negatives Denken*
   Mangel an geistiger Aktivität und Lebensfreude;
   negatives Denken und ein negatives Selbstbild.

Ein paar einfache und effektive Sofortmaßnahmen

Tragen Sie in diese Liste ein, welche dieser Maßnahmen für Sie schon selbstverständlich sind und was Sie sofort zu Ihrer täglichen Gewohnheit machen wollen. Den Sinn einiger dieser Maßnahmen werden wir auf den nächsten Seiten noch besprechen:

Mein persönlicher Gesundheitsplan, Teil 1	Mache ich schon	Mache ich JETZT!
Täglich 2 bis 3 Liter Flüssigkeit trinken		
Ohne Schlafschulden leben (immer ausgeschlafen sein)		
Um 22.00 Uhr ins Bett (Tiefschlaf vor Mitternacht!)		
20 Minuten Mittagsschlaf halten		
Häufiger am Tag eine Stillminute (zu sich selbst kommen)		
Regelmäßige Bewegung		
Stress vermeiden durch Entspannung		
Weniger und bewusster essen		
Erstes Essen erst ab 10 Uhr (möglichst Obst), letztes, leichtes Essen bis 19 Uhr		
Das Essen besser und länger kauen		
Häufig tief atmen		
Täglich zusätzlich Vitamin C (500 mg) und E (400 I.E.) einnehmen		

Einleitung

Als ich vor mehr als zwanzig Jahren meine Naturheilpraxis eröffnete, schien es meine Aufgabe zu sein, Krankheiten zu heilen.

Um das immer besser zu können, versuchte ich zu verstehen, was das eigentlich ist – Krankheit. Und ich erkannte, dass *jede* Krankheit immer eine Botschaft über nicht lebensgerechtes Verhalten ist.

Also versuchte ich einen Schritt weiterzugehen und Krankheit durch lebensgerechtes Verhalten ganz zu vermeiden, und ich erlebte, dass auch das möglich ist.

Doch nun ging es darum, nicht nur nicht mehr krank zu werden, sondern *vital* zu bleiben, möglichst bis mindestens 100.

Dabei fand ich heraus, dass die natürliche Lebensdauer des Körpers etwa 120 Jahre ist und wie man diesen Körper so lange gesund und vital erhält.

Alles das möchte ich Ihnen Schritt für Schritt in diesem Buch zeigen, damit auch Sie Ihr geistiges Erbe antreten können und gesund bleiben können, solange Sie wollen.

Erwartete Gesundheit

Sind Sie der Ansicht, Ihr Gesundheitszustand sei schlecht oder hervorragend? Was Sie in Bezug auf Ihre Gesundheit glauben und erwarten, könnte wichtiger für Sie sein als die objektiven Messungen Ihres Arztes. Leute, die Krankheiten erwarten, bekommen sie auch. Sie sterben früher und sind öfter krank als Menschen, die sich gesund fühlen. Sogar Kranken geht es besser, wenn sie sich für gesund halten, als wenn sie glauben, sie seien krank.

Eine größere Untersuchung ergab, dass Personen, die sagten, sie seien krank, mit fast dreimal so hoher Wahrscheinlichkeit im Lauf von sieben Jahren, dem Zeitraum der Untersuchung, starben, als die Optimisten, die ihren Gesundheitszustand als ausgezeichnet einschätzten. Auch Leute, denen von den Ärzten ein schlechter Gesundheitszustand bescheinigt wurde, lebten länger, wenn sie davon überzeugt waren, sie erfreuten sich bester Gesundheit. Der Glaube ist ein mächtiger Heiler – oder Mörder.

Viele Gesunde verfügen über unverwüstlichen Humor, lachen gerne, und zwar mehr über sich selbst als über andere. Oft stürzen sie sich mit Begeisterung auf alles und jeden, dem sie begegnen. Immer haben sie irgendwen oder -was besonders ins Herz geschlossen.

Die Vision vollkommener Gesundheit

Stellen Sie sich einmal vor, Sie verfügten über einen derartigen Körper:

• Sie vertragen alles gut, was Sie essen, und bleiben dabei vollkommen schlank. Ihr Körper scheidet alles, was er nicht braucht, mühelos aus.

- Sie schlafen abends leicht ein, schlafen die ganze Nacht tief und fest durch, wachen jeden Morgen taufrisch und bärenstark auf und freuen sich auf einen neuen Tag.

- Sie merken frühestens mit achtzig Jahren, dass Sie bei Ihrem Lieblingssport nicht mehr ganz so fit sind wie früher, leisten aber immer noch Beachtliches und können jederzeit mit Freude eine halbe Nacht durchtanzen.

- Sie haben so gut wie nie irgendwelche Krankheitssymptome, fühlen sich blendend und sehen jünger aus als vor einigen Jahren.

- Ihr Denken ist klar und Ihr Gedächtnis absolut zuverlässig.

- Ihre Blutwerte sind die eines Zwanzigjährigen, und Ihre Arterien sind vollkommen frei.

- Sie sprühen vor Lebensfreude und haben so viel Energie, dass Sie gar nicht wissen, wohin damit. Sie sind so leistungsfähig wie nie zuvor und arbeiten unglaublich effektiv.

- Ihr Körper macht Ihnen Freude und erhält sich ganz von selbst gesund für immer, sodass das Datum in Ihrem Ausweis ohne jede Bedeutung ist.

- Das Leben ist ein einziges Abenteuer, welches Sie frohen Herzens genießen.

Fangen Sie heute an, so gesund zu werden. Erkennen Sie einfach: Das ist der natürliche Zustand Ihres Körpers.

Das ist der Schritt, auf den Ihr Körper so lange gewartet hat: dass Sie zu Bewusstsein kommen. Dass Sie als Heiler, als heiles Bewusstsein, als ICH BIN, diesen Körper beleben. Im gleichen Augenblick, in dem Sie als ICH BIN in diesem Körper wohnen, beginnt Ihr Körper zu heilen.

Ganz gleich, was Sie tun, Sie heilen einfach still vor sich hin. Eins nach dem anderen verschwinden Ihre Symptome. Sie brauchen nicht einmal alles richtig zu machen. Wenn Sie nur das meiste richtig machen (nur das Pflichtprogramm sozusagen), braucht Ihnen Ihr Körper keine Botschaften mehr zu schicken. Krankheiten verschwinden.

Gesundheits-Bewusstsein

Das ist aber gar nicht mal das Wichtigste. Viele Menschen verwechseln Gesundheit mit der Abwesenheit von Krankheit. Doch wenn Sie nicht mehr krank sind, sind Sie noch lange nicht gesund.

Richtig gesund sind Sie erst, wenn Sie voller Kraft sind, vor allem, wenn Sie voller Freude sind. Ich habe für mich noch einen weiteren Maßstab entdeckt: Wenn Sie so viel Überschuss an Energie haben, dass Sie anfangen, übermütig zu werden. Dann sind Sie gesund. Dann macht das Leben Freude. Dann spüren Sie den Überfluss des Lebens!

Leben ist Überfluss: Sie bekommen jedes Jahr einen neuen Körper. Sie können jetzt in diesem Augenblick beginnen, das Richtige zu tun. 98% der Atome in Ihrem Körper waren vor einem Jahr noch nicht da. Sie *haben* einen neuen Körper. Niemand ist als Körper älter als ein Jahr. Niemand ist als Geist jünger als 20 Milliarden Jahre. Sie sind nämlich alle von Anfang an dabei. Sie bekommen auch immer wieder einen neuen Körper, wenn Sie ihn brauchen.

Ziel dieses Buches ist also die Anregung einer tiefen inneren Intelligenz, die in jedem Menschen präsent ist. Diese innere Intelligenz (höheres Bewusstsein, was auch immer) greift aber nur ein, wenn sie bewusst wird und angesprochen wird. Werden Sie also ganz bewusst der, der Sie sind. Erkennen Sie: Ich bin ein ungetrennter Teil des einen Bewusstseins, des IST. Der einzigen Wirklichkeit. Ich war immer und werde immer sein.

Weshalb das Bewusst-Sein so wichtig ist, will ich Ihnen sagen: **Wenn Sie glauben, krank zu sein, können Sie nicht gesund werden,** denn dann wären Sie ja nicht mehr krank. Da Sie glauben, krank zu sein, müssen Sie auch krank bleiben. Sie müssen Ihrem Glauben entsprechen, und das tun Sie auch zuverlässig, egal was Sie einnehmen oder unternehmen.

Der wichtigste Schritt für ein Gesundheits-Bewusstsein ist, dass Sie jetzt anfangen, als Gesunder Ihren Körper zu bewohnen. Auch wenn Sie irgendwo ein Symptom oder Schmerzen haben, können Sie als Bewusstsein sagen: Ich bin vollkommen gesund. Mein Körper hat im Moment hier Rheuma und da dieses oder jenes. Aber ICH BIN vollkommen gesund, denn Bewusstsein bekommt kein Rheuma. Bewusstsein kann sich kein Bein brechen. Bewusstsein kriegt keine Lungenentzündung, nicht einmal einen Schnupfen. **Bewusstsein ist vollkommen gesund.**

Wenn Sie sich also mit Ihrem Bewusst-Sein identifizieren, mit Ihrer wahren Identität, und als Gesunder in diesem Körper leben, muss Ihr Körper diese Gesundheit widerspiegeln. Dann kann er gar nicht anders.

Bewusstsein und Körper sind eine Einheit. Wenn Sie als Kranker an diesem Körper hängen, bleiben Sie krank. Sobald Sie als Gesunder diesen Körper bewohnen, heilt Ihr Körper. Oft von einem Augenblick zum anderen. Die Medizin hat auch dafür einen lateinischen Namen, das nennt man: Spontanremission. Der Volksmund würde sagen: Wunderheilung.

Sie waren vielleicht in Lourdes oder haben irgendetwas getan, was Ihnen den Glauben gegeben hat, jetzt gesund zu sein. Aber Lourdes hat nicht wirklich geholfen. Ihr Glaube hat Ihnen geholfen. Denn einem jeden geschieht immer noch nach seinem Glauben.

Sobald Sie glauben und überzeugt sind und wissen: ICH BIN Bewusstsein, sind Sie gesund. ICH war noch nie krank. Mein Körper hat schon mal dies und das, aber ICH BIN gesund.

Wenn Sie als Gesunder diesen Körper bewohnen, beginnt Ihr Körper in diesem Augenblick zu heilen. Ganz gleich, wie der lateinische Name Ihrer Krankheit lautet, sie verschwindet. Sie verschwindet von selbst, so wie sie gekommen ist.

Machen Sie sich bewusst: Sie können keine Krankheit erschaffen, sich bewusst krank machen. Stellen Sie sich vor, Sie sagen: »Oh, ich war jetzt lange nicht krank, ich sollte wieder mal was haben. Was hätte ich denn gern? Eine Lungenentzündung vielleicht? Oder ich bekomme einmal Keuchhusten.« Wie wollen Sie das anstellen? Versuchen Sie es mal, das könnten Sie gar nicht, selbst wenn Ihr Leben davon abhinge. Sie können sich nicht wirklich bewusst krank machen. Krankheit ist nur eine Botschaft des Körpers, dass Sie falsch leben.

Die andere Seite: Sie brauchen auch gar nichts tun, um gesund zu werden. Das macht Ihr Körper. Er lässt die Symptome verschwinden, sobald Sie Ihre Verhaltensweise und Ihr Denken auf gesunde Weise ändern.

Die wichtigste Erkenntnis ist also: Gesund zu sein ist vollkommen normal. Die Ursache von Krankheit ist die Weigerung, eine bestimmte erforderliche Veränderung im Leben zuzulassen.

Von der Anti-Medizin zur Prophylaxe

Machen Sie sich auch einmal bewusst, dass unsere Schulmedizin eigentlich eine Anti-Medizin ist. Da gibt es:

- Antibiotika
- Antiseptika
- Antihistaminika
- Antidepressiva
- Antiallergika und so weiter.

Lauter Anti-Medizin. Wir gehen zum Schulmediziner, wenn wir einen Fehler gemacht haben, wenn es passiert ist, wenn es eigentlich zu spät ist.

Das sollten wir nicht mehr tun. Ich hoffe, unsere Enkel haben eine andere Medizin, eine Präventivmedizin, und Gesundheitserziehung beginnt in der Schule, wo man lernt, als ICH BIN zu leben, und der Körper heilt ganz von selbst.

Machen Sie sich bewusst: Noch nie in der Geschichte der Menschheit hat ein Arzt eine Krankheit geheilt. Noch nie hat ein Medikament eine Krankheit geheilt. Beide, wenn sie gut sind, können nur die natürlichen Selbstheilungskräfte des Körpers anregen. **Der Körper heilt sich**

immer selbst. Die beste Voraussetzung dafür ist, dass Sie nicht mehr krank SIND, nicht mehr im Krankheitsbewusstsein leben, sondern als gesundes Bewusstsein, als Gesunder, diesen Körper bewohnen. Damit können Sie jetzt beginnen. Vertiefen wir dazu noch einmal den Begriff der Gesundheit!

Die dritte Ära der Medizin

Sie erleben gerade den Beginn der dritten Ära der Medizin.

In der *ersten Ära* erlagen die Menschen Krankheiten wie der Pest, der Cholera, der Schwindsucht oder der Wundrose. In der *zweiten Ära*, in der wir gerade noch sind, sterben die Menschen an Krebs, an Herzversagen, an Schlaganfall, Lungenentzündung, Diabetes und Aids. Die *dritte Ära* der Medizin ist die Ära der Prophylaxe, der Vorbeugung.

Sobald wir uns wieder schöpfungsgerecht – das heißt natürlich – verhalten, ist Gesundheit die natürliche Folge, und zwar vollkommene Gesundheit bis ins hohe Alter. Leider erfolgt der Übergang in diese dritte Ära der Supergesundheit bis ins hohe Alter nicht von selbst, sondern jeder muss die notwendigen Schritte selbst tun.

Das Schöne ist, die Natur verzeiht sofort. Denken Sie daran: Wir bekommen jedes Jahr einen ganz neuen Körper. Wenn Sie ihm geben, was er zu dieser vollkommenen Gesundheit braucht, beginnt der Weg in Ihre Supergesundheit in diesem Augenblick.

In meiner Naturheilpraxis habe ich immer wieder erlebt, wie wunderbar und schnell sich die gesundheitliche

Situation eines Menschen ändert, wenn er endlich das Notwendige tut. Aber auch, welche großartigen Erkenntnisse die Medizin in der Zwischenzeit gewonnen hat und wie wenig davon den meisten bekannt ist.

Keine Symptombehandlung mehr!

Mit jeder Symptombehandlung belügen wir uns weiter. Kein Wunder, dass immer mehr Menschen ständig krank sind. Nach einer neueren Meinungsumfrage halten sich nur 6% der Deutschen für gesund. Wenn wir einmal davon ausgehen, dass die Hälfte davon die Botschaft über vorhandene Störungen nur noch nicht wahrnimmt, dann sind es nur 3%, die wirklich gesund sind. Ein erschreckendes Ergebnis und dabei völlig unnötig. Wir aber versuchen immer erfolgreicher, die Information über unser falsches Verhalten zu beseitigen, um danach genauso falsch weiterzumachen, und beklagen uns, wenn immer neue Krankheiten uns zwingen wollen, endlich das Richtige zu tun. Denn Krankheit ist oft Ausdruck einer unehrlichen Lebenssituation und das Festhaltenwollen an einer Lebenslüge.

Durch Leidensdruck möchte sie den Kranken veranlassen, ehrlicher zu werden. Krankheit ist aber nicht immer ein Zeichen von Disharmonie. Sie ist auch ein Freund, der uns hilft, den nächsten Schritt in unserer Entwicklung zu tun. Krankheit kann also auch Anlass sein, einen Schritt in die Zukunft zu tun, in eine neue Entwicklung hinein, die ohne diesen Anlass nicht stattgefunden hätte. Vielleicht brauchen wir die Krankheit auch als Erfahrung der Seele, denn zur Vollkommenheit gehört, dass wir *alle* Erfahrungen gemacht haben, nicht nur die angenehmen. So hilft diese scheinbare Unvollkommenheit in Wirklichkeit vollkommener zu werden. Krankheit kann also die Wirkung von etwas sein, einer Disharmonie im Bewusstsein, oder der Weg zu etwas, zum Beispiel zu uns selbst. So erkennen wir, dass Krankheit lediglich etwas für uns tut, was wir zu tun unterlassen haben.

Viele Menschen fragen sich, wie ein Gott der Liebe das Leid überhaupt zulassen kann. Sie übersehen dabei, dass Leid weder von Gott gewollt noch Gott gefällig ist, sondern nur ein liebevoller Hinweis des Lebens auf eine ungelöste Aufgabe. So ist alles Unheil nur ein äußerer Spiegel für nicht »stimmiges« Leben, der zeigt, dass wir nicht so leben, wie wir »gemeint« sind. So ist jede Krankheit eine Chance und keine Verurteilung. Ergreifen wir die Chance nicht, weil wir sie vielleicht gar nicht erkennen, zwingen wir das Schicksal nur, eine Wiederholung in entsprechend deutlicherer Form vorzunehmen.

Alle Bewusstseinsinhalte haben ihre Entsprechung im Körper und umgekehrt, und letztlich ist alles ein Symptom. Was wir spüren, ist ja auch nicht die Krankheit, sondern ein bestimmtes Symptom, eine Entsprechung, die Konsequenz eines bestimmten Verhaltens. Wenn jedes Symptom aber eine Botschaft ist, so kann es nicht sinnvoll sein, die Botschaft zu unterdrücken, ohne sie verstanden und befolgt zu haben. Die Botschaft im Symptom zu verstehen und zu befolgen ist der eigentliche Schlüssel zur Heilung des Menschen. Der Körper kann ohne Bewusstsein nicht leben, aber auch nicht krank werden. Das Bewusstsein projiziert seinen Zustand auf den Körper, um ihn so sichtbar und fühlbar zu machen. **Der**

**Körper ist der sichtbare Ausdruck unseres Bewusst-
seins.**

Wir müssen uns doch fragen, warum, trotz der Errun-
genschaften der modernen Medizin mit ihren hoch ge-
priesenen, neuen diagnostischen und therapeutischen
Möglichkeiten die Kranken nicht weniger, die Therapien
nicht einfacher und die Heilungskosten immer höher
werden, ohne letztlich Heilung zu erreichen.

Es ist also wesentlich, dass wir uns mit dem tieferen
Sinn der Krankheit auseinander setzen, dass wir erkennen, dass der Krankheitsverlauf getreulich die Lernschritte im Bewusstsein aufzeigt, während die Heilung
anzeigt, dass der geistige Lernprozess beendet ist.

Aus diesem Zusammenhang erkennen wir, dass
Schicksalsschläge nicht plötzlich über den Menschen
hereinbrechen, sondern erst dann eintreten, wenn er die
kleineren Warnungen seines Körpers nicht beachtet.
Könnte der Mensch nicht mehr erkranken, wäre dies die
denkbar schwerste Krankheit, weil er dann ohne Information über sein falsches Tun wäre und keine Chance
hätte, eine Änderung herbeizuführen.

Das Altern – eine Krankheit?

Viele Menschen betrachten ihren Körper als eine Art
Spielverderber, von dem man in zunehmendem Alter
immer weniger erwarten kann. Aber nicht der Körper
lässt uns im Stich, wir lassen den Körper im Stich.

Wir lassen den Körper im Stich, weil wir uns selbst im
Stich lassen, weil wir uns selbst verleugnen, nicht als wir
selbst leben. Wir werden im Alter gebrechlich, weil wir

starr geworden sind, durch all das Tote, das wir angesammelt haben, und wenn wir hinfallen, dann brechen wir uns etwas. Das Leben versucht unseren Starrsinn zu brechen. Starrsinn ist das Alte, Tote, das wir nicht sind. Man muss Eier zerschlagen, um ein Omelett zu machen. Und wenn das Küken ins Leben will, muss es die Schale zerbrechen. Bevor der Schmetterling sich in die Luft erheben kann, muss er den Kokon, der ihn in der Zeit der Metamorphose geschützt hat, zerreißen.

Durch unseren Starrsinn haben wir bestimmte »Ansichten« und sind nicht mehr flexibel genug für eine andere Sicht der Dinge. Durch unsere Starrheit verändern wir unsere Sichtweise nicht mehr und brauchen eine Brille, damit wir die Wirklichkeit wieder erkennen können.

Die Zähne fallen uns aus, weil wir uns mit den Dingen nicht mehr wirklich auseinander setzen. Setzen wir uns nicht mehr auseinander, brauchen wir auch keine Zähne.

Ein Gebiss zeigt unsere mechanisch-technische Art, uns mit den Dingen auseinander zu setzen, eine »unmenschliche« Art. Wir sind nicht mehr bereit, uns neu mit den Dingen auseinander zu setzen. Wir haben eine unlebendige, fest geformte Art und Weise der Auseinandersetzung angenommen, eine genormte vorgeformte und gleich bleibende Art.

Jeder für sich muss erkennen: Ich bewege mich zu wenig, weil ich durch das viele Tote unbeweglich geworden bin. Ich bin unflexibel geworden und bekomme Rheuma. Jede Bewegung schmerzt mich und macht mich darauf aufmerksam, dass ich nicht mehr im Fluss des Lebens bin. Ich muss wieder beweglicher werden, aber nicht nur auf der körperlichen Ebene – das kommt dann von selbst. Ich muss es fließen lassen, mich selbst geschehen lassen, sonst werde ich steif und starr als äußerer Ausdruck meiner inneren, geistig-seelischen Unbeweglichkeit. Ich muss auch mich selbst im Fluss des Lebens ständig verändern.

Ich atme ganz flach, weil ich nicht die ganze Tiefe des Seins zulasse. Das aber ist nicht leben, sondern nur überleben. Also sollte ich das Leben wieder voll zulassen, und dann atme ich von selbst wieder ganz tief und ruhig. Mit der Tiefe meines Atems zeige ich die Tiefe meines Seins, der Lebendigkeit des Lebens.

Alte Menschen erinnern sich genau an Altes, Vergangenes, aber vergessen, was JETZT ist. Das kommt daher, dass sie damals aufgehört haben zu leben, ihr Leben ist noch immer dort. Da war noch Leben, und deshalb sind sie auch gar nicht hier. Sie sind nicht weitergegangen. Sie müssten also noch einmal bewusst in die alte Zeit zurückgehen und das Leben »nachholen«, um wieder ganz im HIER + JETZT zu leben. Ich kann nicht in der Vergangenheit oder in der Zukunft leben. Leben kann ich nur im HIER + JETZT!

Auch meine Angst vor dem Tod zeigt mir, dass ich noch an Altem hänge – ich lasse nicht los. Bin ich im Fluss des Lebens, lasse ich ständig los, und wahres Leben geschieht! Leben heißt, ständig zu sterben und wiedergeboren zu werden, so wie ständig Zellen in meinem Körper sterben und neue entstehen. Ich aber BIN. Ich erlebe es nicht als Sterben und Geburt, weil ich mit dem Leben fließe. So erlebe ich auch meinen eigenen Tod nicht als Tod, weil ich an nichts hänge, und ICH BIN ja auch nach dem Tod. Ich bin einfach in einer anderen Dimension des Seins, aber ICH BIN und ich bin lebendig. Ich gehe so sanft in den Tod wie in den Schlaf und erwache leicht und frei in einen neuen Tag.

Warum der Mensch altert

Wahres Leben ist Sein. Leben altert nicht. Also sollten wir wirklich leben und nicht mehr Altes, Überholtes, Vergangenes verwirklichen und das »leben« nennen. Auch Denken ist nicht leben, denn Denken befasst sich mit Vergangenheit oder Zukunft, nicht aber mit dem HIER + JETZT. Ich lebe aber nur HIER + JETZT!

Wenn ich wirklich »lebe«, regeneriert sich jede Zelle in jedem Augenblick. Solange ich wirklich »lebe«, wird die Zelle auch nicht alt, braucht der Körper nicht zu »altern«, ist eine Zellteilung unnötig. Je weniger ich aber lebe, umso schneller wird die Zellteilung durch die Belastung mit Totem erforderlich. Je mehr ich mich mit Totem belaste, desto »älter« bin ich. Zellteilung bedeutet Erneuerung, und Erneuerung muss ja nur sein, wenn etwas alt geworden ist, starr und unbrauchbar. Die Zelle muss sich also teilen, damit sie eine neue Chance hat. Bin ich aber lebendig, ist das gar nicht mehr nötig.

Altern ist ein Zeichen davon, dass ich nicht wirklich lebe, ein Zeichen von immer mehr »Tot«-Sein, bis ich ganz tot bin. Verkalkung ist ein äußeres Zeichen von geistigen Ablagerungen, von Totem, Starrem. Der Tod rückt dadurch näher, dass man immer mehr Totes ansammelt.

Der Körper wird dann unbrauchbar, anstatt dass das Bewusstsein, wenn seine Mission erfüllt ist, einen gesunden Körper einfach verlässt. Das Bewusstsein muss aber meist vorher aus dem Körper, weil der Körper immer starrer und enger geworden ist und unbrauchbar wird, bevor meine Aufgabe beendet ist. Und der immer starrere Körper engt mein Bewusstsein immer mehr ein, und ich kann so immer weniger ICH SELBST sein. So ist es aber nicht gedacht. Es ist also auch nicht das höchste Ziel, besonders alt zu werden, sondern es kommt darauf an, lang genug zu leben, um meine Aufgabe für diese Inkarnation voll zu erfüllen. Dann kann Evolution ganz schnell geschehen, so wie sie gemeint ist.

Tot sein heißt starr sein, nach festen Bildern zu leben, nach anerzogenen oder übernommenen Glaubenssätzen, nach Vorstellungen und Meinungen anderer, mit alten Wünschen und unerfüllten Träumen, Kindheitsprogrammen und überholten Entscheidungen, mit Verhaltensmustern oder Rollen, die wir nur spielen.

Viel Totes wird auch durch die Ernährung aufgenommen. Doch muss ich mich fragen: »Warum tue ich das?« Warum esse und trinke ich Totes? Weil ich Totes lebe, weil es meinem derzeitigen Sein entspricht. Du bist, was du isst! Ernähre ich mich aber optimal, ohne es zu sein, macht mich sogar optimale Nahrung alt, weil sie nicht in Harmonie mit meinem Sein ist. Ich muss also nicht nur das Richtige tun – ich *muss es sein*. Wenn ich einmal darauf achte, was ich gerade esse, worauf ich Appetit habe, dann erkenne ich mein derzeitiges Sosein. Wenn ich wirklich auf meinen Körper höre und esse, was mein Körper jetzt braucht, dann kann ich über meine Ernährung erkennen, wo ich derzeit im Bewusstsein stehe. Ich erlebe meine Ernährung als Spiegel meines Seins. Ich sollte mich also intuitiv ernähren, so wie es mir derzeit entspricht, aber auch dahinter schauen und mir das geben, was ich wirklich brauche, was mir fehlt.

Das vorzeitige Altern beenden

Schon im Februar 1954 verkündeten Wissenschaftler aus aller Welt auf der Konferenz molekularer Aspekte des Alterns in Berlin, dass **die natürliche Lebensdauer des Menschen etwa 120 Jahre beträgt.** Da stellt sich doch die Frage, warum die Mehrzahl schon weit vor dieser Zeit stirbt und noch früher beginnt krank zu werden. Als entscheidend wichtige Auslöser von Krankheiten aller Art und vorzeitiger Alterung wurden klar identifiziert:

• Übersäuerung, Entmineralisierung und Verschlackung des Körpers,
• oxidativer Stress durch freie Radikale
• Übergewicht,
• zunehmendes Nachlassen der Verdauungsleistung,
• Innenweltverschmutzung, physisch wie psychisch, und (erstaunlicherweise)
• mangelnde Lebensfreude.

Viele Menschen *denken* heute Freude nur noch, anstatt sie zu empfinden. Sie leiden an emotionaler Magersucht, ohne es zu merken. Sie können oft erleben, dass Sie irgendjemandem etwas Angenehmes sagen, und der antwortet zwar: »Da bin ich aber froh.« Sie merken jedoch, dass er überhaupt nicht froh ist. Er weiß nur, jetzt müsste er eigentlich froh sein, aber er *ist* es nicht.

Schützen Sie Ihre Reserven

Ein gesunder, kräftiger Organismus kann eine Menge vertragen. Diese Reserven entscheiden darüber, ob eine Krise bewältigt wird oder zur Krankheit führt.

Machen Sie sich bewusst: Wenn Sie geboren werden, kommen Sie mit 100% Organfunktion auf die Welt. Jahr für Jahr gehen schleichend ein paar Prozent verloren. Sie merken nichts davon. Sie haben eine solche Überkapazität, dass Sie diesen Verlust einfach nicht bemerken. Wenn Sie es bemerken, dann haben Sie vielleicht bereits 70% Ihrer Organfunktionen eingebüßt, und es bleiben Ihnen nur noch 30%. Leider spüren Sie erst jetzt etwas. Doch dann ist es fast schon zu spät. Sie können mit großer Mühe und mit Disziplin noch einmal 20% Organfunktion dazugewinnen und mit 50% als halber Mensch durchs Leben gehen. Lassen Sie es nicht so weit kommen! Jetzt hätten Sie noch die Chance, vorzubeugen und Ihre Organfunktionen zu stärken.

Viele Raucher sagen zum Beispiel: »Ich merke nicht, dass mir das Rauchen schadet.« Die Wahrheit ist: Wenn Sie die Auswirkungen des Rauchens wirklich merken (z.B. »Raucherbein«, Lungenkrebs), *dann* können Sie ruhig weiter rauchen. Das Ablegen dieser ungesunden Gewohnheit lohnt sich in diesem Stadium fast nicht mehr, weil es einfach zu spät ist. Die Organe sind irreparabel geschädigt. Also: Wenn Sie ungesunde Gewohnheiten haben, legen Sie sie JETZT ab, und warten Sie nicht, bis Sie »etwas merken«!

Betrachtet man die Lebensgewohnheiten des modernen Menschen, so scheint er nichts unversucht zu las-

sen, sich selbst zu zerstören. Durch die fehlende Qualität der industriell verarbeiteten Nahrung, die denaturiert, zu unnatürlich geworden ist, geben wir unserem Körper schlechte Bausteine. Machen Sie sich bewusst, Sie bekommen jedes Jahr einen neuen Körper, aber dieser Körper kann nur aufgebaut werden aus den Bausteinen, die Sie Ihrem Körper anbieten.

Stellen Sie sich vor, Sie bauen ein Haus und verwenden dafür minderwertigen Zement und schlechte Steine. Sie werden an diesem Haus keine große Freude haben. Sie müssen sehr früh Reparaturen vornehmen, und es wird nicht lange halten. Ähnlich ist es mit unserer Nahrung: Der Mensch ist das einzige Lebewesen, das seine Nahrung zerstört, bevor es sie isst. Wir bieten unserem Körper immer wieder Nahrung an, Bausteine, die er nur sehr schwer oder gar nicht verwerten kann. Deswegen kann der Körper, obwohl er die Anlage dazu hat, keinen optimalen, gesunden Körper wiederherstellen. Ihm fehlt einfach das Baumaterial zu einer qualifizierten Reparatur. Wir bieten ihm mit unserer Nahrung zu viel vom Falschen und zu wenig vom Richtigen an.

Was geben wir ihm? Das, wovon er sowieso zu viel hat: Kalorien. Und wovon er sowieso schon zu wenig hat, davon bekommt er wieder zu wenig: Mineralstoffe, Vitamine, Spurenelemente und vor allen Dingen hochwertiges Eiweiß.

Unser Körper besteht vor allem aus Proteinen (Eiweiß). Er braucht hochwertiges Eiweiß, möglichst zwei, drei verschiedene Arten gleichzeitig. Eine ganz einfache Möglichkeit für eine solche Ernährung wäre zum Beispiel: Kartoffeln mit Kräuterquark. Da beginnt aber schon das Problem: Kartoffeln bestanden früher einmal natürlicherweise anteilmäßig aus Eiweiß, doch es ist weggezüchtet worden. In den industriell gezüchteten Kartoffeln ist noch etwas Eiweiß enthalten, aber das züchten sie wahrscheinlich auch noch raus. Eine Kartoffel besteht nur noch zu einem Drittel aus natürlicher Substanz. Das ist ein Beispiel für die Denaturierung unserer Nahrung.

Mit Äpfeln ist es genauso. Ein Apfel enthält heute viel weniger Vitamine und Spurenelemente als vor hundert Jahren. Es sind neue Sorten gezüchtet worden, die schöner aussehen und größer werden, aber Ihr Körper freut sich überhaupt nicht über diese Nahrung.

Vor hundert Jahren machte das englische Sprichwort noch Sinn: »One apple a day keeps the doctor away« (etwa: Ein Apfel pro Tag hält dir den Arzt vom Leib). Heute kommen Sie mit einem Apfel nicht mehr weit. Da müssen Sie schon fast ein ganzes Kilo essen, um an den Nahrungswert eines Apfels von vor hundert Jahren heranzukommen.

Wir haben also durch die industrielle Züchtung und Verarbeitung die natürliche Nahrung so stark verändert, dass sie kaum noch ein Heilmittel ist (wie es Hippokrates empfahl), sondern eher zur Mangelernährung beiträgt: zu viel Masse, zu wenig Qualität.

Die eigentliche Krankheit ist nur das letzte Glied einer langen Kette von Unwissenheit, falschem Bewusstsein und daraus resultierendem falschem Verhalten. **Wenn wir aber das Notwendige nicht tun, dann erfolgt letztendlich eine »Heilung durch den Tod«.** Der Tod ist eine Transformation, der sich keiner entziehen kann. Ergreift der Mensch immer wieder nur halbe Maßnahmen, die nicht die notwendige Veränderung herbeiführen, bleibt irgendwann kein Platz mehr für Kompromisse, und der Tod führt diese notwendige Veränderung herbei.

Es besteht kein Zweifel: Die Gesundheitserziehung wird in Zukunft einen immer größeren Raum einnehmen und letztlich die entscheidende Rolle in unserem Gesundheitssystem spielen.

In hundert Jahren werden unsere Urenkel über unser modernes Medizinsystem den Kopf schütteln. Uns erscheint es als ganz natürlich, dass man zum Arzt geht, wenn man krank ist. In China wurde das Arzthonorar viel intelligenter berechnet: Der Arzt wurde bezahlt, solange man gesund war. Sobald man krank war, wurde die Bezahlung eingestellt. In einem solchen System hat der Arzt oder Therapeut natürlich seine ganze Aufmerksamkeit darauf gerichtet, den Menschen ihre Gesundheit zu erhalten.

Unser immer noch übliches Verhalten ist: Wir kümmern uns um Gesundheit erst dann, wenn wir sie verloren haben. Dann ist es meistens zu spät, oder es bedarf unvergleichlich mehr Mühe, als wenn man gleich eine sinnvolle Vorsorge praktiziert.

In der ersten Hälfte des Lebens ruinieren wir (vor allem Männer) oft unsere Gesundheit, um zu Geld zu kommen, und in der zweiten Hälfte geben wir das Geld für Therapien aus, um die verlorene Gesundheit wiederzugewinnen, jedoch meistens vergeblich. Deswegen ist es sicher sinnvoll, wenn wir so früh wie möglich lernen, schöpfungsgerechter mit unseren Körper umzugehen.

Schaffen Sie sich wieder natürliche Lebensgewohnhei-

ten und bleiben Sie gesund und vital bis ins hohe Alter.
Sie wissen jetzt:

1. Es ist absolut möglich.
2. Es liegt in Ihrer Hand.
3. Sie können (und sollten) sofort anfangen.

Die Kriterien meiner Empfehlungen

Tagaus, tagein prüfe ich unzählige Möglichkeiten, wie
man sich selbst heilen kann, wie man gesund bleiben
kann. Dabei habe ich ganz strenge Maßstäbe. **Die Dinge,
die ich empfehle, müssen einfach, unkompliziert und
praktikabel sein.**

Ich will Ihnen nur das für Ihre Gesundheit zeigen, was
diesen strengen Kriterien genügt: Es muss einfach sein. Es
muss preiswert sein. Es muss zuverlässig sein. Das heißt,
es muss bei jedem wirken, und es muss schnell wirken.

Sie wollen ja nicht erst in zehn Jahren sehen, ob Ihnen
das möglicherweise gut getan hat, sondern in ein paar Tagen. Am besten muss man in ein paar Stunden schon
merken: Ja, das stimmt. Bei der Entsäuerung merken Sie
die segensreiche Wirkung zum Beispiel bereits in zwei
bis drei Stunden (siehe Teil II, »2. Säule).

Meine Vorschläge müssen nicht wissenschaftlich erwiesen sein. Mich interessiert der wissenschaftliche Beweis nur am Rande. Ich will Ihnen auch sagen, weshalb.
Es gibt viel Unsinn, der immer noch als wissenschaftlich
erwiesen gilt, und es gibt viel Wahrheit, die wissenschaftlich noch nicht erkannt ist. Im Grunde zählt nur ein
einziger Beweis: die persönliche Erfahrung. **Werten Sie
die eigene Erfahrung als höchsten Beweis.**

Was ich sage, muss auch überhaupt nicht »normal« sein. Im Gegenteil: Wer in der heutigen Zeit normal ist, kann sowieso nicht ganz normal sein. Denn was heißt überhaupt »normal«? Normal ist das, was die meisten tun. Das sagt doch nichts darüber aus, ob es richtig und sinnvoll ist. Und die meisten Menschen sind krank (müde, erschöpft, gestresst). Das darf doch nicht »normal« sein!

Tepperwein-Test:
SO ALT IST IHR KÖRPER WIRKLICH

Alt werden und doch jung bleiben, das muss kein Widerspruch sein.

Manche sind mit sechzig noch fit wie Dreißigjährige, während andere schon Mitte zwanzig alt wirken. Wie alt Ihr Körper wirklich ist, können Sie mit diesem Test feststellen. Er basiert auf umfangreichen Erfahrungen und liefert klare Hinweise für eine oft dringend erforderliche Änderung der Lebensweise. Dazu ist es nie zu spät.

Wohnort	*Jahre*
Wohnen Sie in einer Großstadt?	+ 1
Wohnen Sie auf dem Land?	– 1
Für jeden Umzug:	+ ½

Alter und gesundheitliche Situation der Familie	
Ein Großelternteil wurde 85 Jahre alt.	– 2
Alle vier Großeltern wurden 85 Jahre alt.	– 6
Ein Elternteil starb vor dem 50. Lebensjahr an einem Herzinfarkt oder Schlaganfall.	+ 4

Ein Elternteil oder einer Ihrer Geschwister leidet oder litt an Krebs, Diabetes oder einer Herzkrankheit.   + 3

Ist Ihr Vater über 70? Pro 5 Jahre vollendet: – ½

Ist Ihre Mutter über 75? Pro 5 Jahre vollendet: – ½

Starb Ihr Vater vor seinem 65. Lebensjahr?   + ½

Starb Ihre Mutter vor ihrem 70. Lebensjahr?   + ½

Ist Ihr Partner oder ein Kind gestorben?   + 3

Ausbildung und Lebenssituation

Haben Sie Abitur?   – 1

Haben Sie einen Universitäts- oder Hochschulabschluss?   – 2

Sind Sie älter als 65 und noch berufstätig?   – 3

Leben Sie mit einem Partner ständig zusammen?   – 5

Sind Sie nach dem 25. Lebensjahr alleinlebend:

bis 10 Jahre   + 1

bis 20 Jahre   + 2

bis 30 Jahre   + 3

bis 40 Jahre   + 4

bis 50 Jahre   + 5

Lebensweise

Werden Sie morgens vom Wecker geweckt?   + 1

Wachen Sie meistens von selbst auf?   – 1

Frühstücken Sie regelmäßig in Ruhe?   – ½

Essen Sie morgens nur Obst?   – 3

Trinken Sie täglich mindestens 2 Liter Flüssigkeit? (Milch zählt nicht als Flüssigkeit)   – 1

Wenn Sie deutlich weniger trinken: + ½

Essen Sie regelmäßig in Ruhe?	– ½
Sind Sie ein hastiger Esser?	+ ½
Essen Sie nichts zwischen den Mahlzeiten?	– ½
Essen Sie regelmäßig oder oft etwas zwischendurch?	+ 1
Essen Sie viel Obst, Gemüse, Vollkornprodukte?	– 2
Essen Sie täglich Fleisch?	+ 2
Trinken Sie Alkohol?	
Nie oder ganz selten:	– 1
Regelmäßig mehr als täglich 2 Bier oder 2 Schnäpse oder 2 Gläser Wein:	+ 5
Trinken Sie täglich mehr als 4 Tassen Kaffee oder Tee?	+ 1
Oder mehr als 2 Gläser Coca-Cola oder Limonade?	+ 2
Rauchen Sie? Nein:	– 2
Wenn ja, pro Packung täglich:	+ 3
Sind Sie leicht erregbar, gespannt und aggressiv?	+ 3
Sind Sie leichtlebig und entspannt?	– 1
Sind Sie mit Ihrem Leben zufrieden?	– 2
Sind Sie ein Optimist?	– 1
Haben Sie öfter ein seelisches Tief?	+ 2
Sind Sie meistens oder ständig unglücklich?	+ 2
Ärgern Sie sich oft?	+ ½
Streiten Sie sich manchmal?	+ 1
Haben Sie sehr oft Streit?	+ 3
Haben Sie hohe Schulden?	+ 3
Sind Sie Schreibtischarbeiter?	+ 1
Sind Sie mit Ihrer Tätigkeit zufrieden?	– 1
Sind Sie mit Ihrer Tätigkeit unzufrieden?	+ 2
Ist Ihr Beruf Ihre Berufung?	– 3
Arbeiten Sie regelmäßig und engagiert?	– 3

Geraten Sie leicht in Stress?	+ 3
Geraten Sie nur gelegentlich in Stress?	+ 1
Hatten Sie im letzten Jahr ein Bußgeld wegen einer Geschwindigkeitsübertretung?	+ 1
Ist Ihr Familienleben harmonisch?	− 1
Ist Ihr Familienleben gespannt?	+ 2
Für jede Scheidung:	+ 1
Lehnen Sie ein Familienmitglied ab?	+ 1

Gesundheitliche Situation

Sind Sie oft erkältet?	+ 1
Sind Sie häufig krank?	+ 2
Ist Ihr Blutdruck über 150/90?	+ 1
Ist Ihr Blutdruck über 170/100?	+ 3
Ist Ihr Blutdruck über 200/110?	+ 5
Haben Sie manchmal Kreislaufprobleme?	+ 1
Haben Sie häufig oder ständig Kreislaufprobleme?	+ 2
Sind Sie herzkrank?	+ 3
Hatten Sie einen Herzinfarkt?	+ 5
Für jede Operation, die Sie hatten:	+ 2
Liegt Ihr Cholesterinspiegel über 220?	+ 1
Haben Sie Rheuma?	+ 4
Haben Sie Diabetes?	+ 3
Haben Sie Asthma?	+ 2
Hatten Sie bereits eine Lungenentzündung?	+ ½
Gehen Sie zweimal jährlich zum Zahnarzt?	− ½
Gehen Sie nur zum Zahnarzt, wenn Sie Schmerzen haben?	+ 1
Nehmen Sie oft Tabletten?	+ 2
Nehmen Sie ständig Tabletten?	+ 3
Haben Sie oft Angst?	+ 2

Haben Sie ständig Angst?	+ 3
Haben Sie Ihr Idealgewicht?	– 1
Pro 10 Pfund Übergewicht:	+ 1
Tun Sie regelmäßig etwas für Ihre Fitness?	
Eine mindestens halbstündige, anstrengende	
Betätigung wie Laufen, Schwimmen, Tennis usw.:	
fünfmal wöchentlich:	– 4
zwei- bis dreimal wöchentlich:	– 2
Tanzen Sie häufig?	– 2
Tanzen Sie manchmal?	– ½
Schlafen Sie 10 und mehr Stunden pro Nacht?	+ 4
Hören Sie regelmäßig erfüllende Musik?	
Pro Stunde täglich:	– 1
Meditieren oder beten Sie täglich?	– 2
Lieben Sie sich selbst?	– 2
Möchten Sie gern alt werden?	– 2

Prüfen Sie jede Frage sorgfältig und beantworten Sie sie ehrlich. Jede Zahl mit einem Pluszeichen zählen Sie zu Ihrem jetzigen Alter dazu, jede Zahl mit einem Minuszeichen ziehen Sie von Ihrem jetzigen Alter ab. Das Endergebnis ist dann Ihr tatsächliches, biologisches Alter!

Der Tepperwein-Test: So berechnen Sie, wie alt Sie werden

Errechnen Sie Ihr tatsächliches, biologisches Alter. Liegt es unter Ihrem Lebensalter, können Sie die Differenz zu der statistischen Lebenserwartung von 74 Jahren hinzuzählen. Ihre Lebenserwartung erhöht sich also um die Differenz. Liegt Ihr tatsächliches Alter über Ihrem Lebensalter, müssen Sie die Differenz von der statistischen

Lebenserwartung von 74 Jahren abziehen. Zusätzlich sind noch folgende Faktoren zu berücksichtigen:

Geschlecht

Sind Sie ein Mann:	– 3
Sind Sie eine Frau:	+ 3

Lebensalter

Sind Sie jetzt zwischen 30 und 40 Jahre alt:	+ 2
Sind Sie jetzt zwischen 41 und 50 Jahre alt:	+ 3
Sind Sie jetzt zwischen 51 und 70 Jahre alt:	+ 4
Sind Sie jetzt über 70 Jahre alt:	+ 5

Das Endergebnis zeigt Ihnen Ihre individuelle Lebenserwartung. Bedenken Sie aber, dass nicht alle Faktoren berechnet werden können. Liebe und Lebensfreude können Ihr Leben nicht nur beträchtlich verlängern, sondern vor allem schöner und erfüllender machen.

Unser Lebenskonto – Abbuchungen und Einzahlungen

Wenn wir geboren werden, haben wir ein Guthaben auf unserem »Lebenskonto« von etwa 120 Jahren. Durch unnatürliche Lebensweise buchen wir ständig etwas von diesem Guthaben ab, aber wir können auch wieder etwas »einzahlen« und so unser Konto auffüllen.

Abbuchungen vom Lebenskonto erfolgen durch:

- Ärger
- Stress
- Übersäuerung und Entmineralisierung
- freie Radikale
- Vitamin- und Mineralmangel
- negatives Denken
- unnatürliche Ernährung
- Angst
- Rauchen
- Alkohol
- Einsamkeit
- zu wenig Flüssigkeit
- Probleme
- Sauerstoffmangel
- Übergewicht
- Schlafdefizit
- Hetze
- Urteilen
- Negatives hören, anschauen und lesen
- ein negatives Selbstbild
- ungeliebte Lebensumstände
- zu viel bzw. das Falsche zu hastig essen
- falsche Lebensgewohnheiten
- ungenügende Bewegung
- negative Überzeugungen
- Aggressionen
- Neid
- die »Illusion des Ich«
- liebloses Nebeneinander
- Leben ohne Sinn

- keine Ziele mehr haben
- falsche Freunde
- Erfolglosigkeit
- Sorgen
- Minderwertigkeitsgefühle
- flache Atmung
- zu viel Zucker und Salz
- hohes Cholesterin
- ungenügendes Kauen
- sich selbst und seinen Körper ablehnen
- gegen seinen Rhythmus leben
- die »Botschaft seines Körpers« nicht beachten
- fehlende Psychohygiene
- Empfindlichkeit und Selbstmitleid
- Geldmangel
- einen ungeliebten Beruf
- nicht sein Leben leben
- Leiden
- falsche Wohnung
- Unwissenheit und Unbewusstheit

Einzahlungen aufs Lebenskonto erfolgen durch:
- natürliche und frische Nahrung mäßig genießen und gründlich kauen
- Entsäuerung und Remineralisierung
- Nahrungsergänzung durch Vitamine und Mineral-stoffe
- ausreichend Antioxydanzien
- bewusst jung und gesund sein
- Beruf als Berufung
- sich in sich selbst wohl fühlen

- genügend Schlaf und Entspannung
- eine harmonische Beziehung
- regelmäßige Bewegung
- Freude
- ein erfüllendes Hobby
- seinem Leben einen Sinn geben
- wenig Kalorien
- viel lebendige Nahrung
- genügend trinken
- Idealgewicht erreichen und halten
- Selbstidentifikation
- die Kundalini wecken
- Leben im Einklang mit sich und dem Leben
- Leben im Wohlstand
- Leben im TAO
- durch Imagination seinen Traumkörper schaffen und bewusst bewohnen
- ein gesegnetes Leben in einem gesegneten Körper leben
- nur noch Gesegnetes essen und trinken
- die »Kunst des Genießens« praktizieren
- wirklich »märchenhaft« leben
- leben in einer ständigen inneren Freude
- selbst ein idealer Partner sein
- das Leben »zelebrieren«
- seine Aufmerksamkeit von Negativem abziehen und auf Positives richten
- »alterslos« leben
- jung sein
- »Jungbrunnen-Bewusstsein«.

Teil I

Lassen,
was dem Körper schadet

»Selbstmord in Raten« beenden

Nennen wir das Kind beim Namen: Wenn es vor allem unser eigenes Fehlverhalten ist, das uns krank macht, uns frühzeitig altern lässt, unseren Tod mit achtzig herbeiführt, obwohl wir 120 Jahre bei bester Gesundheit werden können, dann ist das »Selbstmord in Raten«. Dann ist der erste Schritt zur Heilung: das Falsche lassen, das selbstzerstörerische und selbstmörderische Verhalten beenden.

Dazu gehört alles, was im vorigen Abschnitt unter »Abbuchungen vom Lebenskonto« genannt wurde.

Schauen wir uns die wichtigsten normalen »Selbstmord-Möglichkeiten« einmal genauer an!

Selbstmord durch Rauchen

Rauchen ist viel schlimmer, als man gemeinhin weiß. Bei einem einzigen Zug an einer Zigarette entstehen 100 000 »freie Radikale«. Diese aggressiven Sauerstoffmoleküle sind – einfach gesagt – Diebe: Sie haben in ihrer äußeren Atomschale ein Elektron zu wenig und rasen jetzt durch den Körper, um das fehlende Elektron irgendwo zu stehlen. Sie nehmen es zum Beispiel aus einer Zelle und sind dann »zufrieden«, das heißt elektrisch neutral und ungefährlich. Jetzt aber wird die beraubte Zelle sozusagen zum freien Radikal, denn sie braucht das Elektron, also sieht sie zu, wo sie es wieder herholen kann.

So geht von einem einzelnen freien Radikal eine ungesunde Kettenreaktion aus. Mit einem einzigen Zug an der Zigarette aber lassen Sie 100 000 freie Radikale in Ihren Körper. Sie setzen Ihren Körper als Raucher mit der Flut von freien Radikalen einer ständigen und immer stärker werdenden Selbstzerstörung aus.

Wir kombinieren diese »Selbstmordmethode« des Rauchens oft noch mit Alkohol. Alkohol schwächt zusätzlich die Fähigkeit des Körpers, diese Schäden zu reparieren.

Selbstmord durch Übergewicht

Eine weitere »Selbstmordmethode« sind *zu viele Kalorien*. Viele Menschen speichern zu viele Kalorien, sind schon im Normalfall übergewichtig – und das seit Jahrtausenden.

Schon die Ägypter kannten den Spruch: »Der Mensch lebt von einem Drittel dessen, was er isst, von den anderen zwei Dritteln leben die Ärzte.« Es hat sich bis heute nichts daran geändert. Meist brauchen wir wirklich nur ein Drittel dessen, was wir essen. Aber wir brauchen bei einer solchen Nahrungsreduktion dann konsequent auch eine gezielte Nahrungsergänzung, weil die normale Nahrung nicht mehr gehaltvoll genug ist.

Zu viel Kalorien als »Selbstmordmethode« können Sie sich so vorstellen: Wir bekommen mit unserem »Lebenskonto« die Fähigkeit, eine bestimmte Menge an Kalorien zu verbrennen. Wenn man diese Menge an Kalorien verbrannt hat, ist »der Ofen aus«, mit anderen Worten: Man stirbt. Die Hindus sagen es etwas freundlicher: »Wenn wir geboren werden, bekommen wir eine gewisse Anzahl Atemzüge mit. Wenn diese verbraucht sind, sterben wir.«

Tatsächlich ist es eindeutig und unwiderlegbar bewiesen, dass Kalorienreduktion das Leben verlängert. Ein ständig kleiner Hunger verlängert das Leben.

Sie sehen, wieder ist die gesunde Verhaltensweise ein einfacher Weg: Sie brauchen nichts Aufwändiges zu tun, Sie brauchen nur Unnötiges wegzulassen.

Es gibt eine einfache Möglichkeit, dies zu tun. Sie entspricht einer von mir erfolgreich erprobten finanziellen Sparmaßnahme: Sie machen sich einen Zettel ins Portmonee, ins Scheckbuch, an die Kreditkarte, und überall dort, wo Sie normalerweise Geld zum Ausgeben aufbewahren, sind Sie mit diesem Zettel konfrontiert, auf dem steht:

Muss das sein?

Sie werden sehen, viele Ausgaben sind nicht wirklich erforderlich, und Sie können »es sich sparen«: Sie stecken Ihr Scheckbuch wieder weg. Es muss nicht sein.

Ebenso sollte sich auch bei jedem Bissen, den Sie zum Mund führen wollen, Ihr Bewusstsein mit der Frage melden: Muss das sein? Brauche ich das? Will ich das jetzt essen? Die Frage spart Kalorien!

Wenn Sie das essen wollen, okay, nehmen Sie es, aber dann genießen Sie es auch. Essen Sie nie mehr mit schlechtem Gewissen! Doch Sie werden sehen, dass Sie sehr oft feststellen: Es muss eigentlich gar nicht sein, Sie haben gar keinen Hunger, es ist nur Gewohnheit. Oder Sie essen Süßes aus einer Unzufriedenheit heraus, aus Frustration.

Jedes Mal, wenn Sie auf unnötiges Essen verzichten, haben Sie sich Lebenszeit erhalten. Mit jedem Bissen, den Sie vermeiden, haben Sie ein paar Minuten auf Ihrem Lebenskonto gewonnen, die sonst abgebucht worden wären, ohne dass Sie etwas davon gehabt hätten. Deswegen prüfen Sie einmal, ob Sie bereit sind, darauf zu achten: *Muss das sein?*

Selbstmord durch zu wenig Bewegung

Eine andere »Selbstmordmethode« ist mangelnde Bewegung. Die meisten Menschen sitzen heute lebenslänglich, obwohl sie gar nicht dazu verurteilt sind.

Es ist keine ausreichende Bewegung, wenn wir vor dem Frühstück die Uhr aufziehen. (Es hat ja kaum noch jemand eine Uhr, die man aufziehen kann, auch diese Minibewegung wird uns schon abgenommen.) Es genügt auch nicht, dass Sie 24 Stunden um Ihre Existenz ringen. Sie brauchen eine andere Art von Bewegung.

Es muss erstaunlicherweise gar nicht viel sein: Eine halbe Stunde pro Tag genügt. Eine halbe Stunde Laub harken oder Garten umgraben. Oder Fahrrad fahren, eine Bewegung, die so schön ist, dass sie zum Volkssport werden müsste.

Stellen Sie sich vor, es gäbe eine Bewegungsart, bei der

Sie schöne Musik hören, einen sympathischen Menschen im Arm halten und gleichzeitig etwas für Ihre Gesundheit tun könnten. Dieses Programm heißt Tanzen. Leider ist es irgendwie aus der Mode gekommen. Wann haben Sie das letzte Mal getanzt? Die meisten müssen das in Jahren rechnen. Also prüfen Sie gleich einmal: Wo könnte ich mein Bewegungskonto optimieren?

Jeden Tag eine halbe Stunde muss sein. Warum? Ganz einfach: Fett verbrennt nur im Muskel. Ihr Muskel verbrennt Fett, wenn Sie sich bewegen, genauer: wenn Sie sich auf aerobe (Sauerstoff verbrauchende) Art bewegen.

Ein anderer, scheinbar gegensätzlicher Schritt ist: die hektische Lebensweise abstellen und wieder zur Ruhe kommen. Öfter einmal am Tag innehalten. Eine Minute Auszeit nehmen und dabei zu sich selbst kommen. Unsere üblichen »Entspannungsmethoden« führen zu keiner wirklichen Entspannung: stundenlanges Fernsehen. Den Stress aus der Arbeit setzen wir am Fernseher fort. Vergessen Sie nicht: Unser Unterbewusstsein erlebt das meiste, was wir da sehen, als Realität. Achten Sie bei einem »Actionfilm« einmal auf Ihre Muskelanspannung: als ob Sie selbst gleich fliehen wollten!

Beides ist für unsere Gesundheit förderlich: mehr Bewegung und mehr Ruhe. Besser noch: die richtige Bewegung und die richtige Ruhe.

Selbstmord durch täglichen Ärger

Eine andere Art, Lebenszeit zu sparen, ist *sich nicht mehr ärgern*. Das ist viel einfacher, als man denkt. Sie brauchen sich nur einmal zu überlegen: Ganz gleich, was passiert ist, ob Sie sich ärgern oder nicht, es ist trotzdem passiert. Auch wenn Sie sich sehr ärgern, bleibt das, worüber Sie sich ärgern, ganz unverändert. Und darüber könnten Sie sich schon wieder ärgern! Mit anderen Worten: Ärger hat keine wirklichkeitsverändernde Wirkung. Es ist eine alberne Angewohnheit, die wir uns dringend abgewöhnen sollten.

»Ärger macht alles nur noch ärger.« Ärger bucht zuverlässig von Ihrem Lebenskonto ab. Jeder Ärger, jeder Stress bucht ab. Was übrig bleibt, ist ein trauriger Rest dessen, was hätte sein können, wenn wir uns nie geärgert hätten.

Sie sehen also auch in diesem Punkt wieder: Wir müssen gar nichts Ungewöhnliches tun. Es geht darum, dass wir ganz einfach das Falsche lassen.

Selbstmord durch negatives Denken

Negatives Denken beginnt schon mit einem negativen Selbstbild. Prüfen Sie einmal, ob Sie sich wirklich lieben!

Sie brauchen sich nur einmal vorzustellen, wie Sie morgens im Bad vor den Spiegel treten und sagen: »Guten Morgen, du goldiges, süßes Kerlchen!« Das fänden Sie wahrscheinlich albern. Warum eigentlich? Sie sollten ein Mensch sein, den Sie von Herzen lieben. Prüfen Sie doch mal, ob Sie gerade jetzt damit beginnen könnten.

Es fängt damit an, dass Sie sich einfach so annehmen, wie Sie sind. Die meisten haben irgendwelche Kritikpunkte an sich selbst und sagen: Ja, ich habe hier zu viel und da zu wenig. Diese Eigenschaft hätte ich gern los, und jenes Verhalten hätte ich lieber nicht.

Der erste Schritt, sich zu lieben, heißt: Ja sagen zu dem, der oder die Sie sind. Es muss ja nicht so bleiben, Sie können es ja ändern. Aber zunächst müssen Sie einmal anerkennen, dass es so ist. Wenn Sie erkennen: Ich kann mein Verhalten wählen, ich kann mir neue Eigenschaften zulegen, ich kann mir Dinge abgewöhnen, kann mein Sosein verändern, dann macht es plötzlich Freude.

Schaffen Sie sich also ein positives Selbstbild. Allein dieses positive Selbstbild verändert Ihr Leben dramatisch. Warum? Wenn wir ein negatives Selbstbild haben, ziehen wir damit zuverlässig negative Ereignisse in unser Leben:

• Krankheiten und Unfälle
• Schwierigkeiten und Probleme
• Ärger und Stress

Haben wir aber ein positives Selbstbild, wird sich nach dem Gesetz der Resonanz genauso zuverlässig das Positive ereignen. Die Dinge fließen einfach. Es läuft, es geschieht, wir fühlen uns wohl.

Das Aufbauen eines positiven Selbstbildes ist ein entscheidender Schritt, den Sie für Ihre Gesundheit tun können.

Selbstmord durch Nährstoffmangel

Der nächste Punkt zu unseren heimlichen »Selbstmordmethoden« in Raten, den ich erwähnen möchte, ist *Vitamin- und Mineralmangel.*

Wir brauchen heute eine gezielte Nahrungsergänzung. Immer noch gibt es Menschen – auch Fachleute, Ärzte –, die sagen, mit gesunder Ernährung bekommt der Körper alles, was er braucht. Das ist (wissenschaftlich erwiesen) ganz einfach falsch. Das mag vor hundert Jahren zutreffend gewesen sein. Unsere Vorfahren haben sich auch mehr bewegt, und dadurch brauchten sie mehr Nahrung. Wir essen ja heute nur die Hälfte von dem, was unsere Vorfahren zu sich nehmen mussten, sonst wären wir alle schon viel zu dick. Aber sie hatten auch noch eine natürliche, weitgehend unmanipulierte Nahrung, echte »Lebens-Mittel«. Heute reicht unsere normale Nahrung nicht mehr aus, wir brauchen eine gezielte Nahrungsergänzung.

Selbstmord durch Übersäuerung

Weshalb das Thema *Übersäuerung* so wichtig ist, können wir an einem einfachen Effekt erkennen: Die Kapillaren, die feinen Haargefäße, durch die das Blut fließen muss, haben einen Durchmesser von 3 bis 4 µm (1 µm= 1 Tausendstel mm). Ein rotes Blutkörperchen jedoch, das die Kapillare passieren muss, hat einen Durchmesser von 7,5 µm. Ein 7,5 µm großes Blutkörperchen muss durch einen 3 bis 4 µm engen Kanal, durch eine Kapillare. Das geht eigentlich gar nicht. Es geht natürlich doch, sonst würden wir ja alle nicht mehr leben. Das rote Blutkörperchen macht sich ganz schlank, einfach länglich, und schlüpft durch den engen Kanal. Übersäuern aber vermindert die Elastizität der Hülle, sodass das rote Blutkörperchen sich zunehmend weniger schlank machen kann. Es kommt dann irgendwann nicht mehr durch die engeren Kapillaren, und wir leiden an Durchblutungsstörungen.

Die meisten Durchblutungsstörungen sind entweder auf die Übersäuerung zurückzuführen oder auf die Einengung der Gefäßwände, weil sie zu wenig Vitamin C hatten.

In diesem Stadium der Durchblutungsstörung passiert etwas, das für viele Menschen tödlich ist. Bei zunehmender Übersäuerung ist irgendwann nämlich der Moment erreicht, in dem die roten Blutkörperchen sich nicht mehr schlank machen können. Sie erstarren und verstopfen die Kapillaren. Das Resultat kennen Sie: Herzinfarkt, Gehirnschlag. Innerhalb von 10 Minuten entsteht eine momentane Säurespitze, die der Körper nicht kompensieren kann, weil er keine Basen zur Neutralisierung mehr zur Verfügung hat.

Sie haben einmal ein paar Tage nicht daran gedacht, sich vor der Übersäuerung in Acht zu nehmen. Jetzt ist der Körper übersäuert, weil Sie vielleicht irgendwo eingeladen waren und das Falsche gegessen oder getrunken haben. Daraufhin erstarren diese roten Blutkörperchen und blockieren die Kapillaren. Die Versorgung der Organe mit Sauerstoff ist unterbunden, und der Herzinfarkt oder der Gehirnschlag ist da.

Was Sie dann machen können, wenn Sie einen Druck in der Brust spüren (es kündigt sich meistens so an, nicht immer): Nehmen Sie sofort mehrere Gramm Natron. Machen Sie basische Umschläge, damit die Basen auch über die Haut aufgenommen werden, bis der Notarzt da ist, den Sie auf jeden Fall rufen sollten. Bis der Arzt da ist, ist der Anfall meistens vorbei. Sie haben die Säurespitze gebrochen. Die roten Blutkörperchen werden wieder weich und elastisch, und die Durchblutungsstörung löst sich auf.

Sie werden sehen: Selten können Sie bei einer gesundheitsförderlichen Maßnahme schneller eine Wirkung spüren als mit der Entsäuerung und mit einer gesunden Ernährung.

Halten wir noch einmal fest: **Das Säure-Basen-Gleichgewicht ist der Grundbaustein der Gesundheit und Voraussetzung für jede Heilung.** Auf saurem Boden kann nichts wachsen. Säure produziert der Körper ständig. Basen kann er selbst nicht schaffen, sie müssen ständig zugeführt werden. Nehmen Sie das bitte ernst. Es muss bei der Ernährung also ständig für einen Überschuss an notwendigen Mineralien gesorgt werden.

Die nächste oder übernächste Generation, da bin ich sicher, kennt keinen Herzinfarkt, keinen Schlaganfall und keine Arteriosklerose mehr. Diese drei Zivilisationskrankheiten, an denen jetzt über die Hälfte der Menschen sterben, sind gar keine Krankheiten. Sie sind die Folge von Übersäuerung und leicht vermeidbar. Sie sollten nicht warten, bis die offizielle Wissenschaft diese Zusammenhänge erforscht und eingesehen hat. Bis sie wissenschaftlich erwiesen sind, können Sie schon tot sein. Sorgen Sie für ein gesundes Säure-Basen-Gleichgewicht.

Unverzichtbar: Remineralisierung

Die Entsäuerung ist aber nur der eine Schritt, ebenso wichtig ist die *Remineralisierung*, die Wiederauffüllung der Mineralstoffdepots des Körpers.

Bei der Remineralisierung passiert etwas, was Sie vielleicht irritieren könnte. Sie testen täglich Ihren Säurezustand und nehmen regelmäßig die notwendigen Mittel zur Entsäuerung, Remineralisierung und Entschlackung. Sie essen immer vernünftiger und fühlen sich wohl. Trotzdem messen Sie irgendwann den pH-Wert Ihres Urins und merken: Er ist wieder ganz im sauren Bereich.

Was ist passiert? Jetzt überlegen Sie vielleicht: Habe ich etwas Falsches gegessen? Eigentlich nicht! Und das haben Sie wahrscheinlich auch nicht.

Gerade *weil* Sie so ideal versorgt sind, sagt der Körper: »Oh, im Moment sind genügend Basen da, jetzt kann ich eine Sondermülldeponie auflösen.« Irgendwelche Stoffwechselschlacken, die der Körper in der Vergangenheit irgendwo im Gewebe abgelagert hat, gelangt nun in den Kreislauf, und der Körper wird diese Schadstoffe los – aber das zeigt sich auch in Ihrem Urin durch einen erhöhten Säurewert. Drei Tage später ist das vorbei. Seien Sie also nicht irritiert, Sie haben nichts falsch gemacht. Seien Sie froh: Jetzt hat der Körper sich wieder von einigen Schlacken befreit. Das kann noch ein oder zwei Jahren nach Beginn der Entsäuerung passieren. Aber es passiert immer seltener und irgendwann gar nicht mehr.

Entsäuerung, Remineralisierung und Entschlackung mit einem geeigneten Präparat sind Grundbausteine der Gesundheit. Diese Maßnahmen sind unverzichtbar; es gibt keine Ausnahmen, auch nicht für Vegetarier.

Das Falsche lassen

Legen Sie sich gesund erhaltende Gewohnheiten zu: das Falsche lassen, das Richtige tun.

Lassen Sie mehr von dem Falschen. Das stellen Sie abends in Ihrer Tagesrückschau fest:

- Was war heute falsch?
- Welchen Schritt habe ich heute nach vorne getan?
- Wie kann ich das ab morgen besser machen?

Lernen Sie aus den Fehlern, die Sie machen, denn wenn Sie einen Fehler wiederholen, machen Sie gerade einen zweiten. Ein Fehler ist eigentlich nichts Verkehrtes. Ein Fehler zeigt Ihnen nur, dass da etwas fehlt.

Wichtig ist, dass Sie aus Fehlern schnell lernen. Sagen Sie zu sich selbst: »Gut, dass du mich aufmerksam gemacht hast. Das war falsch. Das will ich gleich ändern.« Dann erleben Sie in der Rückschau die Situation gleich so, als hätten Sie sich genau richtig verhalten. Und dabei passiert ein Wunder: Der Tag ist jetzt energetisch neu geboren. Er ist energetisch so verwandelt, als hätten Sie gar keinen Fehler gemacht.

Was möchten Sie JETZT ändern?

Der erste Schritt im Pflichtprogramm der Gesundheit ist also: den »Selbstmord in Raten« zu beenden.

1. Machen Sie sich dazu jetzt eine kleine Liste ungesunder Gewohnheiten, die Sie einstellen wollen, zum Beispiel das Rauchen beenden.

2. Formulieren Sie es als Ziel!
Achten Sie bei der Formulierung Ihres Ziels aber darauf, dass Sie es *positiv* formulieren. »Nicht mehr rauchen!« ist zum Beispiel keine gute Zielformulierung. Ihr Unterbewusstsein versteht wie ein Hund keine Negation (»nicht«, »kein«). Jeder Hund versteht das Kommando »Komm!«. Und was passiert, wenn Sie dem Hund zurufen: »Komm nicht?« Er wird kommen.

So ist es mit Ihrem Unterbewusstsein. Wenn Sie sich schwören: »Nicht mehr rauchen!«, versteht es nur: »…mehr rauchen!« Kein Wunder, dass es bei einer solchen Zielformulierung so schwer fällt, das Rauchen einzustellen.

Vermeiden Sie bei der Zielformulierung auch Wendungen wie »Ich will…«. Das Leben nimmt Ihre »Bestellung« wortwörtlich. Wenn Sie sagen: »Ich will nicht mehr rauchen«, dann können Sie ein ganzes Leben »nicht mehr wollen«, Sie rauchen weiter, aber wollen es eigentlich nicht mehr. Das ist das, was Sie mit dieser Zielformulierung erreichen!

Formulieren Sie Ihr Ziel immer so, als sei es erreicht: Ich bin frei von Nikotin. Ich habe mein Idealgewicht von … kg. Mein Konto ist immer im Plus. Ich bewege mich täglich eine halbe Stunde. Ihre Aufmerksamkeit und Ihre

Energie richten sich so immer auf das, was sein soll, und verwirklichen es mit der Zeit.

3. Stellen Sie sich vor, Sie hätten den erstrebten Zustand schon erreicht!

Ziehen Sie sich für eine Stunde zurück und gehen Sie mit allen Sinnen in Ihr erwünschtes, gesundes Verhalten. Stellen Sie sich vor: Sie greifen nicht mehr zur Zigarette, Sie erleben sich schlank, Sie fühlen sich rundum wohl in Ihrem Körper. Sie bekommen Komplimente von anderen.

Bleiben Sie so lange in diesem Zustand, bis Sie ein Gefühl der Freude und Dankbarkeit überströmt. Dann wissen Ihr Unterbewusstsein und Ihr Körper, was Sie wollen.

4. Disziplin für 21 Tage!

Damit Ihr neues Verhalten zu einer Gewohnheit wird, brauchen Sie 21 disziplinierte Tage, in denen Sie Ihre Aufmerksamkeit darauf richten. Dann ist es vollbracht!

Beispiel: Das Rauchen beenden

Rauchen steht hier als Beispiel falscher und ungesunder Gewohnheiten, die Sie ablegen sollten.

Das Fehlverhalten des Rauchens wird einfach nicht ernst genommen. Viele sagen verharmlosend: Ich kenne Leute, die über 85 sind und rauchen. Die haben es ja auch überlebt. Doch nicht jeder hat die entsprechende Konstitution. Nicht jeder hat ein genetisches Programm, mit dem er diese ganz eindeutige Belastung des Rauchens so lange aushält.

Machen Sie sich bewusst: Das Rauchen zu beenden ist

ganz einfach. Sie brauchen sich ja bloß keine neue Zigarette mehr anzuzünden.

Und dann schauen Sie sich selbst einmal zu. Was veranlasst mich dazu, jetzt doch wieder eine Zigarette zu nehmen? Sie sind zum Beispiel nervös. Okay, das spüren Sie jetzt, aber die Jahrzehnte, die Sie das kostet, die spüren Sie nicht, die spüren Sie erst am Ende. Was passiert, wenn Sie die Nervosität einfach mal übersehen, falls sie denn auftritt, und Sie sich trotzdem keine Zigarette anzünden?

Außerdem haben alle Raucher schon Hunderte, Tausende Male mit dem Rauchen aufgehört. Sie hören ja jedes Mal mit dem Rauchen auf, wenn Sie eine Zigarette ausmachen. Dann haben Sie gerade wieder für eine Weile aufgehört.

Es gibt eine einfache Methode: Wenn Sie aufhören wollen, hören Sie einfach auf. Meiden Sie nicht die Gesellschaft von Rauchern. Rechnen Sie sich nicht aus, wie krank das Rauchen macht. Denn wenn Sie dann weiter rauchen und auch noch wissen, wie krank das Rauchen macht, schaden Sie sich doppelt.

Nein, prüfen Sie etwas anderes. Was bringt mir das Rauchen eigentlich? Zünden Sie sich eine Zigarette an und prüfen Sie einmal: Was bringt mir das, und muss das sein? Bringt mir das wirklich so viel Genuss? Wie viele Zigaretten von denen, die Sie rauchen, genießen Sie denn wirklich?

Da gibt es vielleicht die nach dem Frühstück, vielleicht die auf der Toilette, vielleicht die zur Tasse Kaffee. Dann wird es aber auch schon dünn. Drei, vier, maximal fünf genießen Sie, die anderen verpaffen Sie einfach.

Fragen Sie sich jedes Mal, wenn Sie rauchen wollen: Brauche ich jetzt diese Zigarette? Ich habe kein schlechtes Gewissen, sie mir anzuzünden. Es ist völlig okay, aber brauche ich sie? Von einem Moment zum anderen halbieren Sie so die Anzahl der Zigaretten: Denn zumindest bei jeder zweiten, wahrscheinlich mehr, erkennen Sie: Die brauche ich jetzt nicht unbedingt. Gut, in zehn Minuten greifen Sie doch wieder danach. Prüfen Sie wieder: Brauche ich die jetzt? Wieder werden Sie meistens feststellen: NEIN!

Prüfen Sie also: Genieße ich das Rauchen wirklich?

Irgendwann sollten Sie sich auch einmal bewusst machen: Raucher bilden sich oft ein, dass die katastrophalen Wirkungen des Rauchens übertrieben werden. Das Gegenteil ist der Fall. Man kann diese Wirkungen gar nicht übertreiben. Es besteht heute kein Zweifel, dass Zigaretten in der westlichen Gesellschaft die Todesursache Nummer 1 sind, und dafür bezahlen wir auch noch Geld! Wir sagen unseren Kindern immer: »Fangt ja nicht das Rauchen an!«, und wir selbst zünden uns die nächste Zigarette an.

Wenn wir bisher die katastrophalen Wirkungen überlebt haben, dann glauben wir, dass uns auch die nächste Zigarette nicht gleich umbringen wird. Tut sie meistens auch nicht. Machen Sie sich bewusst: Als Sie sich die erste Zigarette in Ihrem Leben angezündet haben, haben Sie die Zündschnur einer Bombe angezündet, einer Zeitbombe. Bei jeder Zigarette wird diese Zündschnur ein bisschen kürzer. Wer sagt Ihnen, dass die Bombe nicht bei der nächsten Zigarette hochgeht? Und dass Sie genau den Herzinfarkt bekommen oder den Schlaganfall, den Sie vermeiden wollen?

Also bestrafen Sie sich nicht weiter mit dem Rauchen. Hören Sie einfach auf.

Wenn für Sie das Rauchen kein Laster ist, dann prüfen Sie, wie Sie nach diesem Muster Ihre ungesunde Gewohnheit beenden können: MUSS DAS SEIN?

Teil II

Tun,
was den Körper stärkt

Die sieben Säulen der Gesundheit

Gehen wir einen Schritt weiter! Wenn wir das Falsche lassen, was ist dann als Richtiges zu tun?

Das Leben zur Gesundheit führen

Im Leben eines jeden Menschen gibt es im Prinzip nur drei große Ereignisse: erstens geboren zu werden; zweitens zu sterben und drittens dazwischen wirklich zu leben. Das Schwierigste ist, geboren zu werden. Wer das geschafft hat, hat das Schlimmste sowieso schon hinter sich. Das Schönste ist es zu sterben, die meisten wissen es bloß nicht. Den Körper abzulegen, wieder eintreten zu dürfen in die Leichtigkeit des Seins. Aber das Wichtigste, das, worauf es ankommt, ist, in der Zeit dazwischen wirklich zu leben.

Lassen Sie nicht länger zu, dass Sie gelebt werden. Fangen Sie an selbst zu leben. Machen Sie sich frei von den Ansichten der anderen. Leben Sie so, dass Sie am Ende Ihres Lebens sagen können: »Ich habe wirklich gelebt.«

Wir sind natürlich gegen Tierversuche, spielen aber ständig selbst Versuchskaninchen. Wir testen an uns die Wirkung von Nikotin, Alkohol, von einseitiger Ernährung, oder sogar Drogen. Es sind vor allem die ständigen kleinen Verstöße gegen die einfachsten Gesundheitsregeln, die uns krank werden lassen. Würden die Übergewichtigen weniger essen, die Trinker weniger trinken, die Raucher aufhören zu rauchen, die Faulen sich ein bisschen mehr bewegen, würden alle richtig atmen und Positives denken, lesen, anschauen und reden, könnten wir mehr Leben retten und Krankheiten beseitigen als mit all den teuren Verfahren der heutigen Medizin. Es wäre eigentlich ganz einfach.

Aber viele Menschen wollen gar nicht gesund werden. Sie wollen nur keine Beschwerden mehr haben, um danach genauso falsch weiterzumachen. Das funktioniert natürlich nicht. Die Frage ist also nicht, wie alt man wird, sondern viel wichtiger ist, wie man alt wird.

Viele Menschen interessieren sich heute für die Frage, ob es ein Leben nach dem Tod gibt. Ich finde es viel wichtiger, dafür zu sorgen, dass es ein Leben vor dem Tod gibt und dass es ein gesundes Leben ist.

Jede Krankheit ist eine Botschaft des Körpers, und der Krankheitsverlauf zeichnet getreulich die Lernschritte im Bewusstsein auf. Die Heilung zeigt letztendlich, dass der geistige Lernprozess beendet ist. Aus diesem Zusammenhang erkennen wir auch, dass Schicksalsschläge nicht plötzlich über den Menschen hereinbrechen, sondern erst, wenn er die kleineren Mahnungen seines Körpers nicht beachtet. Bevor ein Gewitter kommt, donnert es von fern. Wir können uns also darauf einstellen, nach Hause gehen, den Schirm holen oder uns unterstellen.

Die meisten Menschen haben aber noch nicht gelernt, ihr Leben wirklich zu führen. So bekommen sie ständig Botschaften vom Leben, die sie Krankheit, Schicksalsschläge und Leid nennen. Wenn wir dahinter schauen, erkennen wir als Ursache für das alles – die Selbstvergessenheit. Wann immer Sie leiden, leiden Sie letztendlich an Selbstvergessenheit. Sie haben sich selbst vergessen. Sie haben vergessen, wer Sie wirklich sind. Mit dieser Erinnerung an Ihr wahres Wesen beginnt bereits die Heilung.

»Heilung« macht wieder heil oder ganz, was vorher entzweit wurde. Gesundheit und Heilung sind immer ganzheitlich zu verstehen, umfassen alle Lebensbereiche. Krankheit ist stets auch Disharmonie, Einseitigkeit. In der Heilung vollzieht sich Harmonie, wird aus Einseitigkeit wieder Ganzheitlichkeit. Wenn wir uns gesund ernähren, aber in einer gestörten Partnerschaft leben, dann können Partnerschaftsprobleme uns krank machen – und die gesunde Ernährung hilft uns da wenig. Oft ist es sogar so, dass der Stress, den diese Partnerschaftsprobleme verursachen, uns auch in der Ernährungsweise wieder zurückwirft: Wir greifen zu Fastfood oder fangen das Rauchen wieder an.

Deshalb ist es so wichtig, das persönliche Gesundheitsprogramm von vornherein auf alle Bereiche des Lebens auszurichten. Dazu helfen die »sieben Säulen der Gesundheit«:

1. Natürliche Ernährung
2. Natürliche Vollatmung
3. Ideale Bewegung
4. Ruhe, Entspannung, Schlaf
5. Positive Gedanken und Gefühle
6. Notwendige Nahrungsergänzungen
7. Bewusst-Sein

1. Säule:
Natürliche Ernährung

Die erste Säule der Gesundheit ist eine natürliche Ernährung. Dazu gehört auch eine sinnvolle Gewichtsoptimierung. Wir können uns gesund oder krank essen. Machen Sie bei Übergewicht keine Diäten mehr! Das brauchen Sie gar nicht. Sie brauchen sich nur vernünftig zu ernähren.

Zu einem optimalen Gewicht und einer vernünftigen Ernährung gehört die Entsäuerung des Körpers, denn Säure bindet Flüssigkeit. Flüssigkeit ist Gewicht. Wenn Sie Ihren Körper entsäuern, sind schon ein paar Kilo einfach weg, die der Körper nicht mehr braucht, um das Gift und die Schlacken zu neutralisieren.

Zur natürlichen Ernährung gehört auch, Schadstoffe möglichst zu meiden und Giftstoffe und Schlacken auszuleiten, zum Beispiel durch Fasten.

Sie wissen, dass Sie gelegentlich etwas essen, was nicht ideal ist. Sie haben sicher einen Grund, das zu tun. Es schmeckt so lecker, oder wie auch immer der Grund aussehen mag. Aber insgeheim wissen Sie, dass es nicht gut ist, und weil Sie das wissen, geraten Sie innerlich in Disharmonie, denn Sie tun es ja trotzdem, weil es so gut schmeckt.

Denken Sie daran: Erst in den letzten hundert Jahren haben wir durch die Umstellung unserer Nahrung die Voraussetzung für die Zivilisationskrankheiten geschaffen. Es ist interessant zu wissen, dass 1890 die Lebenserwartung eines Menschen in Deutschland, der erst einmal das fünfte Lebensjahr erreicht hatte, um vier Jahre höher war als heute. Die insgesamt niedrigere Lebenserwartung beruhte nur auf der hohen Kindersterblichkeit und der mangelnden Hygiene der damaligen Zeit.

Essen ist die stärkste »Droge der Natur« (als Gift oder Medikament). Was Sie Jahr für Jahr dreimal täglich tun, das wirkt sich aus: auf Ihre Gedanken, auf Ihre Stimmung, Ihre Dynamik, Ihre Kreativität und letztlich auf Ihr Schicksal. Mit dem richtigen Essen können Sie sich Ihre Glückshormone selbst herstellen, Ihre Leistungskraft optimieren, Ihrer Stimmung Flügel verleihen. Vor allem können Sie das Altern verzögern.

Es gibt einfach nichts anderes, was wir mit unserem Körper anstellen, das eine so weit reichende Wirkung wie die Nahrung hat, die wir täglich zu uns nehmen.

Sehen Sie einmal die Nahrung nicht nur als Geschmackserlebnis an, das Ihre Zunge befriedigt. Da hält sie sich nur ein paar Sekunden auf und dann ein paar Jahre auf den Hüften. Sehen Sie Nahrung einmal nur unter dem Aspekt als Baumaterial. Machen Sie sich bewusst: Ist das, was ich da zu mir nehme, gutes Baumaterial für einen gesunden Körper? Kann mein Körper sich überhaupt regenerieren und gesund erhalten, wenn er nicht das richtige Baumaterial dafür bekommt?

Wenn Sie sich nicht gesund ernähren, ist es fast gleichgültig, was Sie sonst alles in Ihrem Leben richtig machen.

Lange bevor Sie das mittlere Alter erreichen, wird Ihre Energie nachlassen und kurz darauf Ihre Gesundheit. **Finden Sie also eine Ernährung, die gut für Sie ist, und machen Sie daraus eine Gewohnheit.**

Erstaunlicherweise schmeckt eine natürliche Ernährung auch noch gut. Viel besser als alles, was Sie vorher gegessen haben, bevor Sie Ihren Geschmack »umerzogen« haben. Die Umerziehung geschieht ganz von selbst, wenn Sie Ihr Bewusstsein darauf richten: Wie kann ich meinem Körper optimales Baumaterial geben, damit er sich gesund ernährt?

Machen Sie sich bewusst, Leben kommt von Leben. Nur lebendige Nahrung versorgt uns mit den hochwertigen Nährstoffen und Baumaterialien, den Vitalstoffen, die der Körper braucht. Der Körper braucht dieses »grobstoffliche Material« nicht nur, um sich zu regenerieren. Wir brauchen darüber hinaus auch eine Zufuhr feinstofflicher Energie. Ein Mangel an frischer, lebendiger, natürlicher Nahrung ist eine der Hauptursachen des Gesundheitsverfalls und des frühzeitigen Alterns.

Wohl jeder Mensch möchte gern das Leben genießen, aber nur wenige genießen wirklich ihr Leben, denn wirklich genießen kann man sein Leben nur bei bester Gesundheit. Um gesund zu bleiben, braucht man Zeit. Können Sie sich noch erinnern, wann Sie sich zuletzt Zeit genommen haben für sich selbst und Ihre Bedürfnisse? Sie meinen, den Luxus können Sie sich nicht leisten? Im Gegenteil, Sie können es sich nicht leisten, sich keine Zeit für sich selbst zu nehmen, denn das ist absolut »lebensnotwendig«!

Also lernen wir gleich die erste Lektion:

Nimm dir Zeit und nicht das Leben!

Machen Sie sich bewusst, dass Sie JETZT beginnen können, sich ein gesünderes und vitaleres Leben zu schaffen. Der Schlüssel zur Lebensfreude ist nicht Jugend, denn Jugend ist ja auch ein Mangel an Erfahrung, auf die wohl kaum jemand wirklich verzichten möchte. Der wahre Schlüssel ist Vitalität, die an kein bestimmtes Alter gebunden ist. Sie kann aufgebaut, gepflegt und gesteigert werden.

Der Körper ist ein selbstheilender und sich selbst reinigender Organismus, der sich selbst gesund erhalten kann, wenn wir ihm dabei helfen. Nur 3 % der Menschen sterben an Altersschwäche, die anderen 97 % sterben an falscher Lebensweise und sehr oft an Selbstmord durch Messer und Gabel. Und weil sie die Botschaft ihres Körpers nicht beachten.

Gesundheit und Zivilisation

Wenn wir »gesund für immer« sein wollen, wenden wir uns zunächst dem Naheliegenden zu, der Ernährung. Die Ernährung, besser die unnatürliche Ernährung, ist die Hauptursache der Zivilisationskrankheiten.

Der Mensch der Vorzeit war in erster Linie ein Früchteesser. Und natürlich wurde alle Nahrung roh und unverarbeitet gegessen. Fleisch aßen die Menschen, wenn überhaupt, nur in Notzeiten. Bis zum Anfang des 20. Jahrhunderts waren die Abweichungen von dieser natürlichen Nahrung noch unerheblich. So waren die Menschen damals viel gesünder als heute, und viele haben ein Leben lang keinen Arzt gebraucht.

Fast alle Menschen in Europa sind heute gleichzeitig über-, unter- und fehlernährt. Wir haben zu viel vom Falschen, den Kalorien, die wir mangels körperlicher Anstrengung nicht brauchen, und zu wenig vom Richtigen, den Vitaminen, Mineralstoffen und Enzymen. Und das, was wir essen, ist bearbeitet, konserviert und damit unnatürlich, vor allem aber nicht mehr frisch.

Bei der Ernährung unterscheiden wir drei Ebenen:

1. Die richtige physische Ernährung. Nicht mehr das Falsche zur falschen Zeit im falschen Bewusstsein essen.
2. Die richtige psychische Ernährung. Vor allem kein Stress, nicht mehr ärgern oder aufregen. Angst und Schuldgefühle auflösen, uns nicht mehr gegenseitig »kränken«, sondern heiter und gelassen durchs Leben gehen.
3. Die richtige geistige Ernährung. Also positiv denken, reden und handeln, aber auch das Richtige lesen, anhören und anschauen.

Mit einem Wort: im wahren »Selbst-bewusst-Sein« leben!

Geschichte

Bis vor etwa hundert Jahren haben unsere Vorfahren sich von Getreide, Gemüse, Obst, Salat, Samen und Nüssen ernährt, also von allem, was die Natur ohne Schmerzen in Fülle hergibt. Außerdem war eine natürliche Trennkost die Regel. Und da man oft nicht viel zu essen hatte, kaute man von selbst gründlich. Unsere Vorfahren lebten also in der Regel ganz natürlich und gesund. Erst mit zunehmendem Wohlstand kamen die Mischmahlzeiten mit verschiedenen Gängen in Mode und damit auch die Wohlstandskrankheiten. Den Menschen begann das »Zipperlein« zu plagen, die Gicht und das Rheuma, da er von der Natur nicht zum Fleischesser geschaffen ist. Fleischfresser haben einen ganz kurzen Darm und die Fähigkeit, Harnsäure 15-mal leichter auszuscheiden als der Mensch. Der Mensch hat eine Darmlänge, die für pflanzliche Nahrung geschaffen ist, nur reine Grasfresser haben einen längeren Darm. Außerdem brauchen Eiweiße zur Verdauung ein saures Milieu und Kohlehydrate ein basisches Milieu. Essen wir beides zusammen, heben sich Säuren und Basen gegenseitig auf, und die Nahrung bleibt unnatürlich lange im Magen und später im Darm.

Durch die falsche Ernährung kommt es zur Verschlackung, Verschleimung und Verkalkung mit den entsprechenden Folgen: Krankheit und Lebensverkürzung. Dazu essen wir heute auch noch zu viel Fett, besonders die versteckten Fette, obwohl wir nicht mehr körperlich so schwer arbeiten wie unsere Vorfahren und daher sehr viel weniger Kalorien verbrauchen. Das führt zu Übergewicht mit allen schädlichen Folgen wie Herz-Kreislauf-Erkrankungen, Wirbelsäulenschäden usw.

Zu alledem ist die Nahrung heute durch Umweltverschmutzung und künstliche Überdüngung nicht mehr vollwertig. Wir essen nicht mehr Lebensmittel, sondern nur noch Nahrungsmittel, und oft sind es reine Genussmittel, mit durch Kochen veränderten Bausteinen, die der Körper so kaum noch brauchen kann, und wenn doch noch etwas Brauchbares übrig bleibt, wird es im Mikrowellenherd restlos zerstört. Ein Wunder, dass der Mensch das alles bisher überlebt hat!

Vegetarier

Machen wir uns einmal bewusst, dass auch heute noch der größte Teil der Menschheit ganz oder doch überwiegend vegetarisch lebt und damit entsprechend gesund. Es genügt jedoch nicht, einfach nur das Fleisch wegzulassen und sich ansonsten von der weitgehend zerstörten Nahrung zu ernähren. Denn auch Milch und Eier sind bedenklich. Konsequenter sind da schon die »Veganer«, die sich nur von Pflanzlichem ernähren, und die Rohkostler, die nichts Gekochtes, Gebackenes oder Gebratenes zu sich nehmen.

Der Mensch ist nämlich das einzige Lebewesen, das seine Nahrung zerstört, bevor es sie isst. Eiweiß gerinnt schon bei etwa 49 °C, wie wir am Frühstücksei sehr deutlich sehen können, und jeder Mensch stirbt, wenn das Fieber über 45 °C steigt, weil das Eiweiß im Körper gerinnt, aber genau das – geronnenes Eiweiß – bieten wir dem Körper mit dem Frühstücksei, mit gebratenem und fritiertem Fleisch, mit pasteurisierter Milch ständig an.

Nun gibt es auch Menschen, die sich vorwiegend oder sogar ausschließlich vom Fleisch ernähren wie die Eskimos. Wer aber weiß schon, dass Eskimos eine durchschnittliche Lebenserwartung von nur 27 Jahren haben. Aber starker Fleischverzehr führt nicht nur zu einer Lebensverkürzung, sondern vor allem zu früher Krankheit, denn wir essen mit dem Fleisch auch alle Medikamente und Hormone mit, die den Tieren zum schnelleren Wachstum gegeben wurden.

Unsere natürliche Nahrung ist basenbildend während unsere heutige Nahrung meist säurebildend ist, besonders der Zucker. Noch vor hundert Jahren wurde er in der Apotheke verkauft, und da gehört er auch hin. Dem Körper schadet er nur und nicht nur den Zähnen. Zudem fehlen ihm die natürlichen Ballaststoffe, die der Körper braucht, damit die Verdauung optimal funktioniert. Die aber haben Gemüse und Obst von selbst und sind außerdem basenbildend und enthalten alle Vitamine und Mineralstoffe in natürlicher Form und im richtigen Verhältnis. Die künstlichen Vitamine und Mineralstoffe kann der Körper kaum brauchen und muss sie als Belastung wieder ausscheiden.

Brot und Getreide

Millionen von Jahren war die Erde ein tropisches Paradies. Der Mensch und seine Vorfahren ernährten sich ganz natürlich vom Obst, das überall von der Natur in Hülle und Fülle angeboten wurde. Erst vor etwa 8000 Jahren begann man in Ägypten Korn als Nahrung zu kultivieren. Diese relativ kurze Zeit hat nicht ausgereicht für den Menschen, sich optimal auf die Verdauung des Korns einzustellen. Das mag noch angehen, solange wir daraus Fladen machen, die über einem heißen Stein mehr getrocknet als gebacken werden, wie es die Hunzas heute noch tun. Aber selbst wenn wir Körner als Frischkornmüsli essen, wird der Körper dadurch verschleimt. Ganz schlimm wird es, wenn das Korn als Brot durch Hitze zerstört und mit vielerlei Zusatzmitteln, Konservierungsstoffen und Backhilfen versehen wird. Dann ist nicht mehr viel darin enthalten, was der Körper brauchen kann, aber es ist vieles darin, was den Körper belastet.

Milch und Milchprodukte

Auch die Kuhmilch ist für den menschlichen Verzehr nicht geeignet, da dem Menschen ab dem dritten Lebensjahr das Lab-Enzym fehlt, das er zur Verdauung benötigt. Außerdem ist das Eiweiß hier als Kasein statt als Albumin enthalten, das der Körper nur schwer aufschließen kann. Zudem ist fast alle Milch pasteurisiert und homogenisiert. Das heißt, das Eiweiß ist dadurch zusätzlich entscheidend verändert, und das Milchfett gelangt ungehindert ins Blut. Kinder reagieren auf Kuhmilch mit Rotznase, Milchschorf und Mandelentzündung, der Erwachsene mit Rheuma und Nierenproblemen. Das Gleiche gilt natürlich auch für alle Milchprodukte, die ja noch weiter verarbeitet und verändert wurden. Nur Butter, Schlagsahne und sehr fetter Käse sind einigermaßen unbedenklich.

Trinkgewohnheiten

Die Qualität des Wassers hat sich in den letzten Jahren dramatisch verändert, ohne dass dies in das Bewusstsein der Öffentlichkeit gedrungen ist. Eine Verschlechterung trat nicht nur durch die Überdüngung und die damit verbundene Nitratbelastung ein, sondern auch durch die veränderte Molekularstruktur des Wassers, das mit seinen langen Molekülketten nicht mehr die Zellwand durchdringen kann, was wiederum zu einem Müllproblem innerhalb der Zelle führt. Um nicht am eigenen Müll zu ersticken, teilt sich die Zelle vorzeitig, und wenn ihre Teilbarkeitsgrenze erreicht ist, stirbt sie und mit ihr allmählich der Organismus. Wir müssen daher dringend wieder natürliches Wasser trinken, das das interzelluläre Müllproblem löst, und das ist destilliertes Wasser, wie es die Natur über die Verdunstung ständig herstellt.

Entscheidend für die Gesundheit sind unsere Trinkgewohnheiten. Prüfen Sie einmal, wie viel Sie trinken.

Fast immer wird es zu wenig sein. Es gibt bei der natürlichen Regulation der Flüssigkeitsaufnahme eine Schwierigkeit. Mit zunehmendem Alter, beginnend in den Vierzigern, verschwindet das Durstgefühl. Da wir gewohnt sind, uns nach dem Durst zu richten, trinken wir ohne Durst eben nicht, jedenfalls nicht genug.

Sie brauchen am Tag, ob Sie Durst haben oder nicht, als Minimalversorgung zwei bis drei Liter Flüssigkeit, und zwar am besten reines Wasser. Milch zählt nicht, denn Milch ist kein Getränk, sondern ein Nahrungsmittel, wenn überhaupt. Auch Kaffee zählt nicht, der trocknet den Körper aus. Das heißt also, Sie brauchten leere, natürliche Flüssigkeit. Alles Gesüßte zählt höchstens halb, eigentlich gar nicht. Warum ist das so?

Um Ihren Körper zu entschlacken, brauchen Sie ein Transportmittel, und das bedeutet Flüssigkeit. Sie schwitzen, auch wenn Sie es nicht merken. Das heißt, der Körper scheidet ständig Flüssigkeit aus, die ersetzt werden muss. Ihre Zellen trocknen sonst aus, und Ihr Gehirn arbeitet nicht optimal, wenn nicht genügend Flüssigkeit zur Verfügung steht.

Welches Wasser trinken Sie? Machen Sie sich bewusst: Mineralwasser mit Kohlensäure enthält Säure. Das heißt, Sie führen also mit der Flüssigkeit, die Sie brauchen, zusätzlich Säure zu, die Sie nicht brauchen, die der Körper wieder ausscheiden muss. Entscheiden Sie sich deshalb für stilles Wasser.

Die Kristallstruktur des Wassers

Außer seiner Reinigungs- und Spülwirkung hat Wasser aber noch andere sehr interessante Eigenschaften, die mit seiner Struktur zusammenhängen. Wir alle kennen Wasser in seiner kristallinen Form, als Eis. Dabei sind die H_2O-Moleküle in eine feste Kristallstruktur eingebunden. Es ist jedoch nur wenig bekannt, dass sich diese absolut festen Verbindungen, wie wir sie im Eiskristall kennen, erst bei Temperaturen über 60 °C völlig lösen und wir nur dann absolut flüssiges Wasser vor uns haben.

Natürlicherweise spielt sich menschliches Leben im Körper aber nicht bei 60 °C ab, sondern bei etwa 37,5 °C. Bei 37,5 °C liegt Wasser genau zur Hälfte als H_2O vor und zur anderen Hälfte – wenn man so will – als weiches Eis. Diese Kristallstrukturen, die wir bei 37,5 °C finden, nennt man »Cluster«. Die Cluster haben die Fähigkeit, Informationen zu speichern und zu transportieren.

Stellen Sie sich die Cluster als eine Art Tonband vor. Auf einem Tonband sind Eisenpartikel aufgebracht, die durch einen Magneten je nach eingesetztem Signal mehr oder weniger magnetisiert werden und dadurch Information speichern. Die Informationen lassen sich später wieder als Musik reproduzieren. Auch Wasser hat diese biomagnetischen Eigenschaften, und bei 37,5 °C bildet genau die Hälfte unseres Körperwassers derartige Informations-»Cluster«.

Speziell in den Zellen finden wir nun ganz besondere Wasserstrukturen. An den Grenzflächen des Zellskeletts – speziell dort, wo sich die Wassermoleküle anbinden – bildet das Wasser enorm komplizierte, vielfältige Strukturen. Wenn sich dieses Grenzflächenwasser aufzulösen beginnt, zum Beispiel weil der Stoffwechsel nicht mehr funktioniert, dann stirbt die Zelle.

Die innere Wasserstruktur erklärt wahrscheinlich auch den Effekt von Wunder wirkenden Quellen. Diesen Heilwässern wohnt eine ganz spezielle kristalline Struktur inne, die sehr labil ist und leicht durch Erhitzen und andere Einflüsse verändert oder zerstört werden kann.

Die Wasserstruktur kann also enorme Bedeutung für unsere Gesundheit haben. Wenn der Körper über lange Zeit negative Informationen erhalten hat, zum Beispiel durch schlechte Ernährung oder einen ungeeigneten Schlaf- oder Arbeitsplatz, dann verfestigen sich diese Informationen und bleiben im Organismus zurück.

Der Körper hat aber auch die Fähigkeit, negative Informationsstrukturen zu neutralisieren. Da die Wasserstrukturen bei Temperaturen über 37,5 °C aufbrechen, braucht er nur seine Eigentemperatur zu erhöhen. Es kann daher durchaus gesund sein, Fieber zu haben. Aus diesem Grund haben auch die alten Naturheilärzte immer betont, dass Fieber ein Ordnungselement ist – es gibt dem Körperwasser die Möglichkeit, sich neu zu ordnen.

Wenn das Wasser eine entsprechende Heilinformation erhält, formt es sich wieder nach lebendigen Strukturen.

Wasser macht den Körper fit

Schwitzen und Trinken sind das Wichtigste bei jeder Fitnesskur. Schadstoffe werden ausgeschieden, Flüssigkeit wird wieder ersetzt.

Profisportler schwören auf Fruchtsaftschorle (zwei Teile Wasser, ein Teil frisch gepresster Saft). Empfohlen wird bei einer intensiven sportlichen Betätigung von bis zu einer Stunde, alle 15 bis 30 Minuten etwa 0,2 Liter (1 Glas) von dem Wasser-Saft-Mix zu trinken.

Völlig überflüssig sind isotonische Lösungen. Die fertig gemixten Energie- und Power-Drinks, die unter anderem Salz, Süßungsmittel und einen Mineralstoff-Cocktail enthalten, sind nach Auskunft von Medizinern untauglich, weil die meisten Bestandteile entweder überdosiert oder überflüssig sind. Neue Untersuchungen zeigen, dass der Körper beim Schwitzen zunächst fast ausschließlich Magnesium und Kalium verliert. Diese beiden Stoffe werden bei längeren Anstrengungen – Bergtouren oder Marathonläufen – am besten mit stillem Mineralwasser ersetzt.

Trinken Sie nur dampfdestilliertes Wasser

Außer den Frucht- und Gemüsesäften trinke ich kein anderes Wasser als nur dampfdestilliertes Wasser!

In unserer heutigen verschmutzten und vergifteten Welt ist dampfdestilliertes Wasser das sauberste Wasser der Welt, wie früher das Regenwasser. Leider ist Regenwasser heute durch Abgase aus Autos, Fabriken und Kraftwerken stark mit Schadstoffen belastet. Dampfdestilliertes Wasser hingegen enthält keine festen Bestandteile irgendwelcher Art. Es besteht nur aus Wasserstoff und Sauerstoff. Es enthält auch keine Mineralien, weder organische noch anorganische. Es kann als Trinkwasser und zum Kochen benutzt werden (ebenso wie für elektrische Dampfbügeleisen und Batterien). Wenn dampfdestilliertes Wasser in den Körper aufgenommen wird, hinterlässt es keine Rückstände irgendwelcher Art. Es ist frei von Salz und Natrium. Es ist das vollkommene Wasser für ein gesundes Funktionieren der großen Körperfilter, der Nieren.

Es ist eine perfekte Flüssigkeit für das Blut und für ein wirkungsvolles Funktionieren der Lungen, des Magens, der Leber und anderer wichtiger Organe.

Dampfdestilliertes Wasser ist das beste und reinste Wasser, das auf der Welt vorhanden ist. Es ist so rein, dass alle Rezepte für flüssige Arzneimittel destilliertes Wasser vorschreiben. Es eignet sich ausgezeichnet für die Entgiftung, für Fastenprogramme (siehe auch mein Buch *Wunder des Fastens*) und für die Reinigung der Zellen, Organe und Körperflüssigkeiten, da es hilft, viele schädliche Substanzen auszuschwemmen.

Das Personal der amerikanischen Marine trinkt schon seit mehreren Generationen dampfdestilliertes Wasser.

Dampfdestilliertes Wasser ist frei von Chemikalien und Mineralien. Durch die Destillation werden, soweit überhaupt möglich, alle Chemikalien und Unreinheiten aus dem Wasser entfernt. Wenn die Destillation sie nicht entfernen kann, so gibt es heutzutage keine andere Methode, die es schaffen kann.

Dampfdestilliertes Wasser wird für intravenöse Ernährung, Rezepte, Inhalationstherapien und Verschreibungen für Babys verwendet. Sagt es da einem nicht der gesunde Menschenverstand, dass destilliertes Wasser für jeden gut ist?

Bei dem Gedanken an all die Chemikalien, Schmutzstoffe und Unreinheiten in unserem Wasser ist es logisch, dass man das Trinkwasser so reinigen sollte, wie es die Methode der Natur ist: durch Destillation.

Obst essen

Essen Sie so oft wie möglich Obst. Machen Sie sich gleich zur Gewohnheit: Bis mittags gibt es nur Obst. Obst kostet wenig, und man bekommt es fast überall. Essen Sie jeden Tag mindestens ein bis zwei Bananen, denn Bananen enthalten alles, was Sie brauchen.

Essen Sie insgesamt 7 Stücke Obst am Tag, weniger sollte es nicht sein. Idealerweise essen Sie Obst auf nüchternem Magen. Denn wenn Sie Obst essen, während bereits etwas anderes im Magen ist, kommt es zu Gärungsprozessen. Sie essen Obst also am besten morgens, wenn Sie noch nüchtern sind. Mischen Sie Obst nicht mit anderen Speisen, nicht einmal mit Müsli. Auch Milchprodukte und Obst passen überhaupt nicht zueinander, weder energetisch noch physiologisch. Milch bleibt ein paar Stunden im Magen und hält dann das Obst, was zusammen damit verzehrt wird, auch so lange im Magen, während das Obst alleine schon nach einer halben Stunde den Magen verlassen könnte. Probieren Sie es einfach mal aus; *Sie* entscheiden, was Sie Ihrem Körper zumuten wollen.

Frische Obst- und Gemüsesäfte reinigen den Körper

Rohe Obst- und Gemüsesäfte sind Reiniger für das innere Körpersystem und das Blut. Deshalb nennen wir sie »Wasser der Gesundheit und Jugend«. Pflanzen sind lebendige Speicher von Sonnenenergie. Wir können diese Energie nutzen, um eine strotzende Gesundheit, unbegrenzte Vitalität und körperliche Ausdauer zu erhalten. Die Sonnenenergie aus Obst und Gemüse kann Ihnen helfen, die Anhäufung anorganischer Mineralien und Gifte im Körper zu vermeiden. Frucht- und Gemüsesäfte sind die natürlichen Säuberungsmittel für den menschlichen Körper. Sie wirken wie ein »Besen« und kehren Abfälle und Giftstoffe aus dem Körper. Trinken Sie über den Tag verteilt einen Liter oder mehr mit Sonnenkraft angereicherten Obst- und Gemüsesaft (frisch gepresst).

Kaufen Sie sich dafür einen Entsafter. Dieses Gerät ist wichtig für Ihr Programm, den Körper von anorganischen Mineralien und giftigen Abfallstoffen zu befreien. Es wird vielleicht die beste Investition sein, die Sie jemals in Ihrem Leben getätigt haben. Mit dem Entsafter können Sie viele Arten von Frucht- und Gemüsesäften herstellen.

Es gibt keine wichtigeren Bestandteile einer richtig zusammengesetzten Kost als Früchte und Gemüse, denn diese enthalten alle Arten von Vitaminen, bekannten und unbekannten.

Wassermelonen sind hervorragend geeignet, um anorganische Mineralien aufzulösen und aus dem Körper auszuscheiden.

Fruchtsäfte spielen eine wichtige Rolle beim Aufbau eines sauberen Körpers und bei der Reinigung des Blutes. Apfelsaft, Ananassaft, Kirschsaft, Brombeersaft, Orangensaft, Grapefruitsaft, Pflaumensaft, Aprikosensaft, Erdbeersaft – diese alle sind der wahre Nektar der Götter.

Saft von Möhren, Sellerie und rohem Spinat ist eine wundervolle Kombination. Saft von Möhren, roter Bete und Sellerie ergibt einen Cocktail, der reich an organischem Natrium ist.

Apfel- und Rhabarbersaft gemischt ergibt einen großartigen Gesundheitstrank.

Saft von grünen Pfefferschoten und Tomaten ist ein innerer Reiniger.

Saft von rohem Spinat und Wasserkresse gibt Ihrem Blut eine Menge organisches Eisen.

Petersilien- und Möhrensaft ist eine schmackhafte und gesunde Mischung!

Kohlsaft, Zwiebelsaft, Knoblauchsaft, Erbsenschalensaft, Saft von weißen Rüben, Saft aus Kopfsalat, Grünkohl, Endiviensalat – alle sind angefüllt mit Sonnenenergie, Vitaminen, organischen Mineralstoffen und Enzymen.

Trinken Sie Säfte langsam – in kleinen Schlückchen! Säfte sollten niemals schnell heruntergestürzt werden!

Fett verzehrende Nahrungsmittel

In dieser Tabelle sind die Nahrungsmittel mit »negativen« Kalorien oder die so genannten »fettverzehrenden« Nahrungsmittel zusammengefasst:

Gemüse

Artischocke	Kohlrübe	Rettich
Blumenkohl	Kopfsalat	rote Rübe
Brokkoli	Kresse	Sellerie
Endivien	Löwenzahn	Spargel
grüne Bohnen	Mangold	Spinat
Grünkohl	Paprikaschote	Zichorie
Gurke	Radieschen	Zucchini
Karotte	Rapunzel	Zwiebel

All diese Nahrungsmittel enthalten 90 bis 95 % Wasser, sehr wenig Eiweiß, nur winzige Spuren von Fett und ein Minimum an Kohlenhydraten. Dafür sind sie reich an natürlichen Mineralstoffen und Vitaminen.

Obst

Ananas	Heidelbeere	Orange
Apfel	Himbeere	Papaya
Erdbeere	Mandarine	Zitrone
Grapefruit	Mango	

Gewürze

Basilikum	Nelke	Salbei
Estragon	Petersilie	Thymian
Fenchel	Pfefferkraut	Knoblauch
Pfefferminze		

Die Vorzüge der Gewürze sind inzwischen oft beschrieben worden. Sie regen die Speichelbildung an und verbessern den Verdauungsprozess. Gleichzeitig wirken sie stimulierend und tragen zum Fettabbau bei.

28 Nährstoffe, die den Cholesterinspiegel senken

Versuchen Sie, Ihren Cholesterinspiegel nicht über 240 mg/dl ansteigen zu lassen (um Ihr Risiko einer Herzkrankheit niedrig zu halten). Ebenso sollte er nicht unter 160 mg/dl fallen (um Brustkrebs, Leberkrebs, Lungenkrankheiten und Depressionen zu vermeiden). Diese Nährstoffe werden das »gute« HDL-Cholesterin ansteigen lassen oder das »schlechte« LDL-Cholesterin senken:

Aktivkohle	Ingwer	Pektin
Avocados	Kalzium	Pflanzensterol
Bockshornkleesamen	Kleie	Psylliumschalen
Borretschöl	Knoblauch	Reiskleieöl
Carrageen	Lecithin	Salz
Chrom	Magnesium	Vitamin A
Coenzym Q10*	Makadamia-	Vitamin B6
DHEA-Hormon*	nüsse	Vitamin C
Fischöl	Niacin	Guarkern-
Panthenol	Olivenöl	mehl

Kau dich gesund

Sie können sofort schlank und vital ohne Diät werden, wenn Sie anfangen gründlich zu kauen. Normalerweise kauen wir drei-, vier-, fünf-, sechsmal, und dann kommt der *Schlingreflex*, den wir vom Neandertaler ererbt haben. Wenn der etwas Essbares gefunden hatte, musste er es

---

* siehe »6. Säule«

schnell hinunterschlingen, damit es ihm keiner mehr wegnehmen konnte. Irgendwie ist dieses Programm in unserem Verhalten noch hängen geblieben. Wir haben noch viele solcher Reflexe.

Jetzt geht es darum, dass Sie diesen Schlingreflex außer Kraft setzen. Sie brauchen nur eine Woche dazu, eine Woche, in der Sie beim Kauen mitzählen. Dabei werden Sie schnell merken, dass dieser Reflex während des Kauens nur zweimal einsetzt. Sie nehmen einen Bissen in den Mund, kauen fünf-, sechsmal, und dann kommt die Zunge und will den Bissen zum Schlucken nach hinten schieben. Aber Sie kauen weiter: sieben, acht, neun, zehn, elf. Zwischen der zwölften und fünfzehnten Kaubewegung kommt die Zunge wieder oder der Verstand und sagt: »Jetzt reicht es aber, runter damit.« Aber Sie kauen weiter: 16, 17, 18, …, bis mindestens 50. Ich kaue manchmal bis 100 oder 200!

Wenn Sie in die höheren Regionen des Kaugenusses kommen, dann geschieht ein Wunder! Nehmen Sie zum Beispiel mal einen Bissen von einem ganz normalen Stück trockenem Brot, und trinken Sie nichts dazu. Jetzt kauen Sie den Bissen etwa 150-mal. Achten Sie darauf, was passiert. Zuerst nehmen Sie den Bissen nur in den Mund. Sie betasten ihn liebevoll mit der Zunge, mit den Zähnen, beißen ihn nicht durch, sondern kauen ihn von verschiedenen Seiten nur leicht an. Nach 50-mal kauen wird das Brot langsam weich. Nach 80- bis 100-mal wird es süß.

Die Stärke im Brot wird nämlich zu Glukose, und auf einmal schmeckt ein Stück trockenes Brot wie eine Praline. Es schmeckt wunderbar! Mit dieser Erfahrung gewöhnen

Sie sich ganz von selber an, dass Sie Ihr Essen nicht mehr schnell hinunterschlingen, sondern Sie geben es in kleinen Portionen in die Speiseröhre weiter. Ein bisschen schlucken Sie, und den Rest kauen Sie noch 20-mal weiter. Dann schlucken Sie wieder ein bisschen weg. So verspeisen Sie den einen Bissen in fünf oder sechs kleinen Portionen.

»Kau dich gesund!« bedeutet also: Sie trinken Ihr Essen. Denn durch das lange Kauen ist alles flüssig geworden.

Dann stellen Sie bald etwas ganz Einfaches fest: Wenn Sie den Nahrungsschrott, den wir normalerweise sehr häufig zwischendurch essen – der beim Fernsehen so knusprig kracht –, wenn Sie den schön gründlich kauen, schmeckt er nach 20-mal wie alte Pappdeckel, und Sie wollen ihn gar nicht mehr runterschlucken. Diese »Nahrungsmittel« sind nämlich auf Geschmacksexplosion in den ersten fünf bis sechs Kaubewegungen kreiert (»Fooddesign«). Dann muss das Zeug aber auch weg, jedoch nicht runter, sondern raus. Das gehört nicht auf Ihre Hüften! Probieren Sie es einfach aus.

Sie haben also ein einfaches Mittel, um zu erkennen, ob ein Nahrungsmittel wirklich gut ist. Wenn Sie es 50-mal gekaut haben und es immer noch schmeckt, dann ist es gut. Wenn es dann nicht mehr schmeckt, dann schlucken Sie es nicht runter, sondern spucken Sie es aus. Kirschkerne und Gräten schlucken Sie ja auch nicht runter.

Das Schöne beim Kauen ist: Alles, was Sie zu dieser sinnvollen Ernährungsweise brauchen, haben Sie immer bei sich. Das ganze Geheimnis besteht nur in wirklich gründlichem Kauen. Bei den Chinesen heißt es darum auch: »Trink, was du isst, und iss, was du trinkst.«

So entsteht nach zwei bis drei Wochen ein ganz neues Verhaltensmuster: die Nahrung erst zu schlucken, wenn sie »ausgeschmeckt« ist, wenn Sie sie wirklich ausgekostet haben. Dann spüren Sie auch, dass Magen und Darm plötzlich Urlaub haben, denn sie haben fast nichts mehr zu tun. Und Sie sind nie wieder nach dem Essen müde. Das gibt es nur, wenn mit der Verdauungsarbeit zu viel Blut vom Gehirn abgezogen werden muss. Auch das fällt weg, Sie bekommen im Gegenteil beim Essen einen Vitalitätsschub.

Außerdem macht Sie Ihre neue Geschmacksrevolution auch noch weitgehend immun gegen Krankheiten. Warum? Wenn die Nahrung so gründlich zerkleinert wird, haben Bakterien keine Chance, weiter zu kommen als bis zur Magensäure.

Es passiert noch ein Wunder beim Kauen. Sie nehmen sich eine ganz normale Portion – wie bei jedem Essen. Und dann verschlingen Sie diese Portion nicht, sondern beginnen »nach allen Regeln der Kunst« zu kauen. Nach einer Stunde bekommen Sie einen Muskelkater, weil Ihre Kaumuskeln das nicht gewohnt sind. Obwohl die Kaumuskeln sehr stark sind, sind sie nicht dafür trainiert, so lange zu kauen. Sie schauen ungläubig auf Ihren Teller: Da fehlt fast nichts. Das Essen ist in der Zwischenzeit kalt geworden, aber es fehlt fast nichts.

Jetzt kommt das eigentliche Wunder: Sie sind vollkommen satt. Ihr Verstand sagt: »Kann nicht sein, ich habe ja kaum was gegessen.« In Wahrheit ist etwas anderes passiert: Nahrung, die so gründlich gekaut wird, wird nämlich energetisch voll und ganz aufgeschlossen.

Die feinstoffliche Energie, die in der Nahrung ist, steht

Ihnen auf einmal ganz zur Verfügung. Deswegen brauchen Sie nicht mehr so viel. Sie brauchen nicht einmal die Hälfte der bisherigen Portion. Sie sind nicht nur satt, Sie sind auch vital dabei. Sie fühlen sich rundum wohl. Das ist das Schöne: Sie merken es innerhalb von zwei bis drei Tagen.

Ich möchte es jedenfalls nie wieder missen. **Kauen Sie, als ginge es um Ihr Leben.** Denn es geht um Ihr Leben. Es geht tatsächlich um Ihr Leben. Plötzlich ist Schlemmen keine Sünde mehr. Sie können schlemmen. Das Schuldgefühl, schlechtes Gewissen, alles vergessen.

Diese neue Art zu kauen wird für Sie zum Bodybuilding. Sie wird sogar zum Beautybuilding, zur inneren Kosmetik. So wird jedes Essen ein »Dinner for one«, eine Kommunikation mit jemandem, den Sie lieben: Verwöhnen Sie sich selbst einmal mit richtigem Kauen.

Richtiges Kauen ist auch Aerobic fürs Gesicht. Sie werden nach ein bis zwei Wochen merken, dass Sie einen ganz neuen Sport haben: Kau-Aerobic. Vor allem werden Sie immer mehr zum Power-Kauer, denn Sie setzen beim Essen ungeheure Energien frei. Ich kenne keinen Sport, bei dem man mit so geringem Einsatz ein so beeindruckendes Ergebnis erreichen kann wie beim Kausport.

Falsche Nahrung tötet mehr Menschen als alle Kriege zusammen, während richtiges Kauen Gesundheit und Glücklichsein bringt. Auch der Fleischkonsum reduziert sich so ganz automatisch. Nicht zu vergessen: Wenn alle Leute, alle Menschen, gründlich kauen würden, wäre plötzlich Nahrung für alle da. Denn sie brauchen nur noch die Hälfte. Das heißt, man könnte sofort doppelt so viele Menschen ernähren mit dem, was zur Verfügung steht.

Wenn Sie Ihre Nahrungsaufnahme auf das gründliche Kauen umgestellt haben, also nach etwa zwei bis drei Wochen, haben Sie noch eine letzte Hürde zu nehmen: Wenn es Ihnen gerade besonders gut schmeckt, hören Sie auf. Nehmen Sie den Teller und stellen Sie ihn in den Kühlschrank. »Nachher kommt die zweite Halbzeit. Jetzt verdaue ich das erst einmal.« Teilen Sie Ihr Essen in Miniportionen für alle eineinhalb Stunden ein. Kauen Sie öfter mal. Und befreien Sie sich vor allen Dingen von dem »Teller-leer-ess-Syndrom«.

Jetzt gibt es für Sie ganz neue Möglichkeiten, zum Beispiel: »Kau im Stau«. Wenn Sie irgendwo im Stau stehen, nehmen Sie sich etwas zu essen, anstatt sich zu ärgern, kauen Sie still vor sich hin, und plötzlich haben Sie Zeit. Es spielt überhaupt keine Rolle, wann es im Stau weitergeht.

Richtiges Kauen ist auch ein Schlaraffenland für Übergewichtige. Sie können endlich essen, was und solange Sie wollen, und Sie werden dabei auch noch schlank.

Richtiges Kauen ist die beste Kapitalanlage, die unabhängig von der wirtschaftlichen Konjunktur und von den Börsenkursen eine enorme Rendite bringt. Probieren Sie es einfach, werden Sie zum Power-Kauer!

Gründliches Kauen ist natürlich auch der beste Arzt. Denn ein wirklich guter Arzt verhindert Krankheiten, die anderen behandeln sie nur. Gutes Kauen verhindert Krankheiten.

Entsäuerung als Grundlage der Gesundheit

90 % der Menschen in den so genannten zivilisierten Ländern sind übersäuert. Der Erste, der die Übersäuerung des Körpers als Grundübel aller Krankheiten bezeichnete, war Paracelsus. 500 Jahre sind seitdem vergangen, und unser Leben ist noch saurer geworden.

Die Entsäuerung des Körpers ist die Grundlage vollkommener Gesundheit. Auf saurem Boden wächst nichts. Sie könnten in Ihrem Gesundheitsverhalten also alles richtig machen – wenn Ihr Körper im sauren Milieu bleibt, können Sie keinen entscheidenden Schritt zur Gesundheit machen.

Nehmen Sie sich als wesentlichen Schritt Ihrer Gesundheit vor, ein Säure-Basen-Gleichgewicht in Ihrem Körper herzustellen. Das bedeutet in den meisten Fällen eine konsequente Entsäuerung.

Säuren stellt der Körper über den Stoffwechsel selber genügend her. Die verschiedensten Arten Säure entstehen ganz natürlich jeden Tag in Ihrem Körper. Basen entstehen keine, nicht im Körper, die müssen Sie Ihrem Körper zuführen, denn die braucht der Körper. Also: Sauer macht nicht lustig, sondern krank.

Auch viele psychische Ursachen sind säurebildend. Ärger ist säurebildend. Stress ist ein ganz starker Säurebildner. Kaffee ist sehr stark säurebildend. Es kommt dann noch die Bewegungsarmut dazu, sodass wir dieses Zuviel an Säuren nicht einmal mehr ausscheiden können.

Hier eine kurze Liste von Säurebildnern:
- Fleisch: Harnsäure
- Cola-Getränke, Zucker: Phosphorsäure

- Weißmehlprodukte: Essigsäure
- Gepökeltes: Salpetersäure
- Schweinefleisch: Schwefelsäure
- Körperliche Überanstrengung: Milchsäure
- Wein: Schwefelsäure
- Kaffee und schwarzer Tee: Gerbsäure
- Kohlensaures Wasser: Kohlensäure

Sie sehen also, wir nehmen reichlich Säure zu uns. Was wir brauchen, sind Basen. Basen sind Stoffe, die Säure neutralisieren können. In erster Linie ist das Natriumbikarbonat. Sie kennen es alle als doppeltkohlensaures Natron, und das gibt es in der Apotheke als Kaisernatron.

Kaisernatron ist seit Jahrhunderten bekannt. In Ostpreußen hieß es früher:»So nötig wie die Braut zur Trauung ist Natronsalz für die Verdauung.«

Doppeltkohlensaures Natron entsäuert zuverlässig. Machen Sie einen Test mit den pH-Teststreifen, die es in jeder Apotheke gibt. Den Test kann jeder selbst einfach durchführen, indem er den Teststreifen in den laufenden Urinstrahl hält. Eine Farbskala beim Teststreifen zeigt den Grad der Übersäuerung zuverlässig an.

Nach der Entsäuerung kommt der nächste, noch wichtigere Schritt: die Remineralisierung Ihres Körpers. Denn durch die jahrzehntelange Übersäuerung hat der Körper sich selbst ausgeplündert. Er holt die Basen, die er über die Nahrung nicht bekommt, die er aber braucht, zum Beispiel aus den Knochen, aus dem Gewebe. Dann bekommen Sie Arteriosklerose oder Osteoporose. Ein zweiter Effekt: Der Körper lagert die Säure, die er nicht los wird, im Gewebe ab. Der Arzt stellt dann irgendwann Rheuma fest.

Oder wenn es ganz schlimm kommt, weil Sie zu wenig trinken, bekommen Sie auch noch Gichtknoten. Das sind alles keine wirklichen Krankheiten, es sind lediglich die Folgen von unnötigen Überbelastungen Ihres Körpers.

Wie Sie inzwischen wissen, sind diese Folgen leicht zu vermeiden und – Gott sei Dank – so gut wie immer auch rückgängig zu machen, nämlich durch die Remineralisierung des Körpers. Konsequent durchgeführt, dauert sie allerdings mindestens ein bis zwei Jahre. Sie haben jahrzehntelang den Körper ausgeplündert. Wenn Sie im Alter nicht darunter leiden wollen, müssen Sie die Mineraliendepots wieder auffüllen. Sie müssen dem Körper die Basen geben, die er braucht.

Leider wird der Haarboden als Erstes geplündert, weil der für die Körperfunktionen am unwichtigsten ist. Er wird auch als Letztes wieder aufgefüllt. Wenn Ihnen die Haare wieder wachsen oder sie Ihnen nicht weiter ergrauen, dann haben Sie auch alle anderen Depots wieder aufgefüllt.

Wenn fasten, dann richtig!

Ganz wichtig ist das Thema Entsäuerung und Remineralisierung bei Fastenkuren. Viele Menschen merken das an den so genannten »Fastenkrisen«, bei denen man sich miserabel fühlt. Doch das muss überhaupt nicht sein; es hat nur etwas damit zu tun, dass beim Fasten die Abfalldepots in den Geweben aufgelöst werden. Dann wird auch die Säure, die dort gespeichert wird, frei, das heißt, sie kommt in den Kreislauf, und die Fastenden fühlen sich gar nicht wohl. Wenn Sie fasten wollen, sollten Sie also ein paar Tage vorher Ihren Körper entsäuern und remineralisieren, damit genügend Basen da sind und die Säuren, die frei werden, sofort ausgeschieden werden können. Dann gibt es keine Fastenkrise.

Bewusstsein kann man essen

Alle Materie ist nur eine besondere Form von Energie. Auch unser Körper ist in Wirklichkeit ein Energiekörper, und auch unsere Nahrung besteht aus Energie.

Jede Energieform hat eine bestimmte Schwingung. Bewusstsein hat eine hohe Schwingung. Wenn unsere Nahrung eine niedrige Schwingung hat, mindert sie die Schwingung unseres Bewusstseins, sie zieht das Bewusstsein nach unten. Hat unsere Nahrung eine hohe Schwingung, kann sie die Schwingung unseres Bewusstseins erhöhen, verfeinern, verstärken. Wenn die Nahrung unserem Bewusstsein entspricht, teilt sich diese Schwingung so auch dem Körper mit und er schwingt in Harmonie mit unserem Bewusstsein. Dieser Einklang von Körper und Bewusstsein ist Harmonie, und Harmonie drückt sich aus als Gesundheit und Vitalität.

Eine wichtige Hilfe dazu ist das Säuren-Basen-Gleichgewicht. Der Körper hält im Blut ständig und unter allen Umständen einen pH-Wert von 7,4 aufrecht. Offensichtlich ist das der ideale Wert für den Körper, und dass er unter allen Umständen aufrechterhalten wird, zeigt, wie wichtig dies für uns ist. Wir können unserem Körper und damit unserem Bewusstsein helfen, indem wir durch unsere Nahrung diesen Wert herstellen, sodass unsere Nahrung unserem Bewusstsein entspricht.

Wenn Sie immer nur untätig darauf warten, das zu sein, zu tun oder zu haben, was Sie sich wünschen, blockieren Sie Ihre Energie, und blockierte Energie führt zu Übergewicht. Indem Sie sich selbst unmittelbar ausdrücken und das tun, was Sie wollen und wann Sie es wollen, kann die Energie in Ihrem Körper frei fließen. Dieser Energiefluss wird Ihr Übergewicht auflösen.

Um wirklich kerngesund zu sein, müssen wir lernen, unseren Körper auf eine Art zu bewegen, die Spaß macht. Körperliches Training bedeutet leider viel zu oft Arbeit. Besser ist es, unseren Körper auf eine spielerische Art zu trainieren. Denken Sie an kleine Kinder oder Tiere; sie brauchen sich nicht in der Turnhalle zu schinden, um in Form zu bleiben. Sie bewegen ihren Körper instinktiv; auf einfache, verspielte Weise strecken sie sich und rennen umher.

Bewusstes Essen führt uns zurück zur Weisheit unseres Körpers, die uns seine Bedürfnisse signalisiert. Essen als Meditation erleichtert uns die Rückverbindung zu unserer inneren Quelle – der Quelle von Vertrauen, Intuition und Liebe. Diese wiederum unterstützt uns, unsere Lebendigkeit, unsere Kraft und unsere Kreativität nach außen zu leben. Bewusstes Essen kann eine Art »Einweihungsweg« sein, ein Weg zur Bewusstseinserweiterung.

Wenn wir uns mit lebendigen Lebensmitteln ernähren, nehmen wir die Information des Lebens in unseren Körper auf. Lebendige Nahrung heilt Körper, Seele und Geist. Ernährung als heilender Faktor kann nicht getrennt von einer ganzheitlichen Entwicklung gesehen werden.

Wir verbinden uns mit der Heilkraft der Pflanzen und

unterstützen dadurch die Reinigungsfähigkeit unseres Körpers, um ihn zu entschlacken und damit zu heilen. Geistige Erkenntnisse, körperliche Reinigung und das dadurch bedingte Wohlbefinden gehen Hand in Hand.

Die meisten Menschen haben eine negative Einstellung zum Essen. Sie befürchten bewusst oder unbewusst, dass das, was sie essen, sie dick oder krank macht oder zumindest ungesund ist, und doch essen sie weiter genau das. Das löst natürlich innere Konflikte aus, und weil sie das glauben, verursacht die Nahrung das, was sie befürchten: Übergewicht und Krankheit.

Viele Menschen sind beim Essen sehr unbewusst. Sie denken an dies und das, reden über alles Mögliche, sind mit ihrem Bewusstsein überall, nur nicht bei dem, was sie gerade tun. Dabei ist Essen ein geradezu wunderbarer Vorgang. Materie verschiedenster Art wird in Energie umgewandelt, die uns am Leben hält. Zu diesem Ritual gehörte früher auch, das Brot zu brechen, das heißt, sein Brot mit jemandem zu teilen, als Symbol dafür, dass wir alles miteinander teilen können. Das Essen, unsere Zeit, unseren Glauben, das Schicksal, den Augenblick, den Weg und das Ziel, unser ganzes Leben können wir mit jemandem teilen.

Aber auch das, was wir beim Essen denken und fühlen, gehört zu dem wunderbaren Vorgang der Transformation, denn worauf ich mein Bewusstsein richte, das nehme ich beim Essen in mich auf. Ich kann Harmonie, Gesundheit, Licht und Erkenntnis essen. Wenn ich glaube, dass mir etwas schadet, dann wird es mir schaden. Nicht weil es wirklich schädlich ist, sondern weil ich es glaube.

So sollten wir uns beim Essen bewusst machen, dass

die Nahrung dabei in Lebensenergie umgewandelt wird, die uns stärkt und uns einen gesunden Körper schafft. Wir sollten uns bewusst machen, dass unser Körper alles aufnimmt, was er braucht, und mühelos alles ausscheidet, was er nicht braucht, sodass uns das Essen gesund, stark und schön macht. Vor jeder Mahlzeit sollten wir alles segnen und fortan nur noch »Gesegnetes« essen und trinken. Und nicht vergessen zu danken: dem Bauern, dem Koch oder der Köchin und Gott.

Seien wir uns beim Essen also von nun an bewusst, dass wir dabei ein Wunder erleben, indem wir Materie in Energie einer höheren Schwingung umwandeln und so allmählich die Materie transformieren. Achten wir darauf, dass wir uns auch geistig rein ernähren.

12 Schritte zur natürlichen Ernährung

1. Nur noch reines Wasser verwenden. Entweder destilliertes oder ein stilles Wasser, das dem in der Qualität sehr nahe kommt

2. Morgens nur reines Wasser trinken und Obst essen, damit die Reinigungsphase des Körpers voll genutzt wird.

3. Keine Milch oder Milchprodukte, außer Butter, Sahne und eventuell etwas Vorzugsmilch oder auch wenig Fettkäse ab 70 % verzehren.

4. Mischmahlzeiten (Pizza) möglichst meiden. Also entweder eine Eiweißmahlzeit oder eine Kohlehydratmahlzeit. Jede kann mit Gemüse und Salat kombiniert werden.

5. Vitalkost, also Lebendiges essen. Günstig sind Samen

und Nüsse, die noch keimfähig oder schon gekeimt sind, hilfsweise auch Weizenkeime.

6. Möglichst wenig oder gar kein Fleisch, zumindest aber kein Schweinefleisch und keine Wurst essen; wenn Fleisch, dann nicht zusammen mit Kohlehydraten (Getreide).

7. Keinen Zucker und keine Produkte, in denen Zucker enthalten ist. Auf versteckten Zucker achten (Ketchup).

8. Nicht mehr als 20 Gramm Fett am Tag essen.

9. Möglichst wenig Brot und Getreide essen; keine weiterverarbeiteten Getreideprodukte.

10. Abends besonders wenig essen, ausgenommen Obst auf leeren Magen. Nichts mehr nach 18 Uhr essen.

11. Möglichst keinen Alkohol, Kaffee, Tee, Cola, Limo trinken.

12. Obst- und Gemüsesäfte nur in kleinen Schlucken trinken, aber mehrere Gläser über den Tag verteilt.

Und noch ein Rat: Ernähren Sie sich intuitiv. Spüren Sie, wie sich Ihr Körper nach den verschiedenen Nahrungsmitteln anfühlt, was Ihnen wann und wie am besten bekommt. Dann können Sie alle Vorschriften wieder vergessen, weil es Ihnen ein Bedürfnis ist, sich natürlich zu ernähren. Spüren Sie bewusst, wie es Ihnen dadurch von Tag zu Tag immer besser geht, wie Sie leichter und freier werden und voller Lebensfreude sind.

2. Säule:
Natürliche Vollatmung

Die zweite Säule der Gesundheit ist die natürliche Vollatmung. Die meisten Menschen atmen so flach, dass sie gerade nicht ersticken. Dabei würde niemand Sie beneiden, wenn Sie tief atmen, oder Sie korrigieren und sagen: »Du hast jetzt ganz tief geatmet, ich habe es genau gesehen! Lass das sofort! Du nimmst mir die Luft!« Nein, von diesem Grundnahrungsmittel Luft können Sie beliebig viel nehmen. Nehmen Sie doch gerade jetzt einmal einen tiefen Atemzug!

Das Geheimnis des Atmens

Wir sollten uns auch einmal bewusst machen, wie der Körper mithilfe von Sauerstoff Energie produziert. Der Körper spaltet die Nahrung auf in Glukose, Aminosäuren und Fette. Glukose verbindet sich in den Körperzellen mit Sauerstoff, und durch eine Reihe von biochemischen Reaktionen entsteht Adenosintriphosphat oder ATP. Ein Glukosemolekül wird so normalerweise zu 36 ATP-Molekülen, wenn genügend Sauerstoff zur Verfügung steht. Ist das nicht der Fall, fermentiert die Glukose und produziert lediglich zwei ATP-Moleküle und außerdem noch Milchsäure, die den Muskeln Energie entzieht. Rauchen, flaches Atmen oder auch Stress schränken die Sauerstoffzufuhr ein und führen so zur Fermentierung der Glukose und zu möglichen »Gärfeldern« im Körper. Eine regelmäßige Sauerstoffdusche durch Joggen, Schwimmen, Radfahren usw. überflutet diese möglichen Gärfelder und löst sie auf. Eine einfache Gesundheitsprophylaxe ist das tägliche »Außer-Atem-Training«, das im nächsten Abschnitt beschrieben wird.

Atem bedeutet Leben. So wie Nahrungsaufnahme notwendig ist, ist es unerlässlich, die Lungen zu durchlüften und jede Zelle des Körpers mit Sauerstoff zu versorgen. Allein durch bewusstes Atmen können Sie positiv auf Ihr körperlich-seelisch-geistiges Wohlbefinden einwirken. Ein harmonischer Atemrhythmus beruhigt Nerven und Gedanken. Ist die Atmung unregelmäßig, ist auch die Psyche unausgeglichen und der Geist unruhig. Seelische und emotionale Unausgeglichenheiten steuern die Atemfrequenz. Umgekehrt kann regelmäßiges Atmen heftigen Gemütsschwankungen entgegenwirken.

Die meisten Menschen atmen oberflächlich, unvollständig, ruckartig und hastig, was besonders zu beobachten ist, wenn man zum Beispiel Angst hat oder zornig ist. Der Atem kann dann nicht frei durch den Körper fließen. Häufig bleibt er in Becken und Brustkorb stecken. An diesen Stellen entstehen dadurch Muskelverspannungen, die wiederum verhindern, dass der lebensnotwendige Sauerstoff und die Lebenskraft *(Prana)* hindurchströmen. Das Resultat ist eine verkrampfte, spannungsgeladene Persönlichkeit ohne Körper- und Atembewusstheit.

Sauerstoff ist auch ein entsäuerndes Lebenselixier. Atmung und Nieren wirken zusammen, um das lebenswichtige Säuren-Basen-Gleichgewicht zu erhalten. Schon zehn Minuten lang Frischluft tief einzuatmen, neutralisiert eine Blutübersäuerung.

Frequenz und Tiefe der Atmung steuern den pH-Wert und durch einen Rückkopplungseffekt auch das zentrale Nervensystem. Zu schwaches Atmen führt zu einer erhöhten Kohlendioxidkonzentration im Blut, was ein Absinken des pH-Wertes (Azidose) zur Folge hat.

Richtiges Atmen bedeutet, bei geschlossenem Mund durch die Nase voll ein- und auszuatmen. Wenn Sie ausatmen, zieht sich der Bauch zusammen, das Zwerchfell hebt sich und massiert dabei das Herz. Beim Einatmen dehnt sich der Bauch, das Zwerchfell senkt sich und massiert die Bauchorgane. Der Schlüssel aller Atemübungen liegt im Ausatmen. Je mehr verbrauchte Luft Sie ausatmen, desto mehr frische Luft können Sie einatmen, desto mehr heilende Lebensenergie können Sie aufnehmen.

Die Vollatmung kann stehend, sitzend oder liegend durchgeführt werden. Das Wichtigste, wie auch bei allen anderen Atemübungen, ist das Aufrichten der Wirbelsäule. Wenn diese an einer Stelle geknickt ist, ist der Energiekanal unterbrochen. Ist sie jedoch aufgerichtet, kann *Prana* durch die Wirbelsäule strömen, und es findet ein erhöhter Energieaustausch zwischen Chakren, Drüsen und Organen statt.

Im Folgenden erkläre ich, wie Sie über die Übung der Bauch-, Brustkorb- und Lungenspitzenatmung zur Vollatmung kommen:

1. Bauchatmung

Beginnen Sie mit dem Bauch. Diese Übung stärkt die Basis und macht den gesamten Beckenraum bewusst. Legen Sie beide Hände auf den Bauch und füllen Sie langsam den unteren Teil der Lunge. Der Bauch wölbt sich leicht mit dem Einatmen und senkt sich beim Ausatmen. Bewahren Sie einen gleichmäßigen Rhythmus und beatmen Sie bewusst und kreisförmig Ihren Beckenraum sieben- bis zwölfmal bis in den Lendenwirbelbereich und zum Steißbein hinunter, dann normal weiter atmen.

2. Brustkorbatmung

Legen Sie Ihre Hände mit den Daumen nach oben rechts und links an die Rippen. Atmen Sie ein. Füllen Sie bewusst den mittleren Teil der Lungen. Dehnen Sie Ihre Rippen sowie die dazwischen liegenden Muskeln von innen nach außen. Fühlen Sie, wie sich Ihr Rumpf langsam und gleichmäßig wölbt wie ein Ballon; tun Sie dies ebenfalls sieben- bis zwölfmal, dann einige normale Atemzüge.

3. Lungenspitzenatmung

Legen Sie Ihre Hände auf den Brustkorb, unterhalb des Schlüsselbeins. Dort befinden sich die bei den meisten Menschen vernachlässigten Lungenspitzen. Ziehen Sie den Atem vom Bauch in den Brustraum und bis in die Lungenspitzen; sieben- bis zwölfmal, dann einige normale Atemzüge.

4. Vollatmung

Bauch, Brust und Lungenspitzen werden jetzt in einer einzigen Ein- und Ausatmung verbunden. Wir beginnen mit dem Bauch, gehen über zu den Rippen und füllen zuletzt die Lungenspitzen. Halten Sie kurz den Atem an und atmen Sie dann locker wieder aus, von oben nach unten; sieben- bis zwölfmal, dann normal weiteratmen, währen Sie sich bewusst im ganzen Körper spüren.

Das Tepperwein-Außer-Atem-Training

Wussten Sie schon, dass ein Mensch, um gesund zu bleiben, einmal am Tag gründlich außer Atem kommen sollte? Das hält das Herz gesund und den Kreislauf in Schwung und ist viel besser als gelegentliche Überanstrengungen.

Ich habe eine wunderbare Methode entdeckt (ich habe sie noch nirgendwo so dargestellt gefunden, deswegen habe ich sie nach mir benannt), das ist das **Tepperwein-Außer-Atem-Training.** Üben Sie dieses Außer-Atem-Kommen auf folgende Weise (möglichst im Freien):

Laufen Sie so, dass Sie innerhalb von drei bis vier Minuten außer Atem kommen. Dann gehen Sie normal weiter. Nicht stehen bleiben, sondern weiter bewegen, bis sich nach ein bis zwei Minuten der Atem wieder beruhigt hat. Dann noch einmal laufen, bis Sie außer Atem kommen, und wieder langsam gehen und beruhigen.

Jetzt passiert etwas Erstaunliches: Während Sie sich wieder beruhigen, kommt ein Energieschub. Wenn Sie das dreimal machen, haben Sie genug Energie für den ganzen Tag.

Außer-Atem-Training ist das bewusste, mehrfache, durch Pausen unterbrochene Außer-Atem-Kommen. Laufschritt bis zum ersten Außer-Atem-Kommen (Verknappung der Atemluft), Unterbrechung, bis sich der Atem beruhigt hat. Dann Wiederholung bis zum zweiten Außer-Atem-Kommen und erneute Beruhigung. Wiederholung bis zum dritten Außer-Atem-Kommen und Atemberuhigung.

Dies ist eine starke Sauerstoffdusche, die eventuelle Gärfelder im Körper überflutet. Die tägliche Wiederholung dieses Trainings bewirkt, dass die Zellen aus ihrer Lethargie erwachen und auf volle Aktivität umschalten.

Vorteile des regelmäßigen Außer-Atem-Trainings:

1. Die Sauerstoff-Ionisierung wird deutlich verbessert. Das bedeutet, dass der Sauerstoff durch elektrische Aufladung aktiviert wird. Dieser Vorgang kann durch bewusstes Ionisieren, also durch Imagination, weiter gesteigert werden.
2. Die Zellen erhöhen ihre Sauerstoff-Aufnahmebereitschaft, und der Sauerstoffwechsel läuft auf Hochtouren.
3. Der Alterungsprozess des Körpers wird deutlich verlangsamt.
4. Es steht mehr Energie zur Verfügung, was als Vitalität erlebt wird.
5. Die Verdauung wird angeregt und die Darmfunktion verbessert. Der Appetit richtet sich danach, was der Körper wirklich braucht.
6. Während der Übung steigt die Körpertemperatur um mehrere Grad an, wodurch Bakterien vernichtet werden.
7. Das regelmäßige Laufen verhindert den Kalziumabbau der Knochen und deren Brüchigwerden, von dem

alte Menschen oft betroffen sind. Es handelt sich um ein Training ohne jede Anstrengung, das zur idealen Vollatmung führt.

Die Laotse-Atmung oder der Zweite Wind

Diese Übung (auch »Übung des ewigen Frühlings« genannt) besteht nur aus einem einzigen Atemzug. Wie jede Atemübung beginnt sie mit dem Ausatmen. Wenn Sie vollkommen ausgeatmet haben, atmen Sie einmal ganz tief ein und atmen dann mit fast geschlossenen Lippen in mindestens dreißig kleinen Schüben stoßweise aus und danach wieder einmal ganz tief ein. Damit ist die Übung beendet. Eine sofortige Wiederholung bringt nicht nur keinen weiteren Vorteil, sondern hebt die Wirkung wieder auf. Diese Übung kann frühestens nach einer Stunde wiederholt werden, besser erst nach zwei Stunden.

Anfangs wird Ihre Luft nicht für dreißig kleine Schübe reichen, aber mit zunehmender Übung wird Ihr Atem immer tiefer, und Sie kommen vielleicht sogar auf vierzig oder fünfzig kleine Schübe. Die Technik des Ausatmens können Sie sich so vorstellen, wie kleine Kinder Eisenbahn spielen und dabei »Sch-Sch-Sch…« machen. Atmen Sie aber auf den Buchstaben »F« aus, also: »F-F-F-F…«.

Die Wirkung dieser Übung ist sofortige geistige Klarheit. Das ist besonders wichtig, wenn Sie vor einer Entscheidung stehen. Sehr oft werden Sie nach dieser Übung erkennen, dass es gar nichts zu entscheiden gibt, weil danach ganz klar ist, was getan werden muss. Diese Übung ist auch dann sehr hilfreich, wenn Sie in einer langen Be-

sprechung unkonzentriert oder müde werden. Sie können diese Übung auch in Gegenwart von anderen ganz
unauffällig durchführen, es wird niemand bemerken, Sie
aber haben plötzlich »den zweiten Wind« bekommen
und sind für ein bis zwei Stunden wieder voll da.

3. Säule:
Ideale Bewegung

Die dritte Säule der Gesundheit ist die ideale Bewegung.

Gäbe es ein Medikament, welches folgende gesicherte Eigenschaften besäße:
- hochgradige Senkung des Sauerstoffbedarfs des Herzens
- Steigerung der körperlichen Leistungsfähigkeit
- Verbesserung der Fließeigenschaften des Blutes
- Verminderung der Thrombosegefahr
- Reduzierung der Arteriosklerose verursachenden Substanzen
- Steigerung der körperlichen Abwehrkräfte und
- Begünstigung hormoneller Reaktionen

Wie würde ein solches Supermedikament weltweit tagaus, tagein gefeiert werden! Die regelmäßige Einnahme eines solchen Präparates würde uns zur Selbstverständlichkeit werden. Aber all das ist durch ein richtig betriebenes Ausdauertraining möglich, und das zeigt obendrein keine unphysiologischen Nebenwirkungen. Vornehmlich trifft das auf den langsamen Dauerlauf zu.

Damit meine ich jedoch nicht eine sportliche Überbelastung! Sportler sterben statistisch besonders früh. **Übermäßiger Sport ist Mord, aber sinnvolle Bewegung ist Leben.**

Wenn Sie mit Ihrem Bewegungstraining ernsthaft etwas bewirken wollen, dann meiden Sie Leistungsspitzen. Viele machen diesen Fehler: Sie kommen in der Woche nicht zu einer gesunden Bewegung, weil sie so hart arbeiten. Doch dann, Freitagabend, gehen sie zwei Stunden Squash spielen.

Training im aeroben Bereich

Die Sporthochschule Köln hat vor einiger Zeit einen Test gemacht. An einem Wochenende hat sie fünfzig Jogger gemessen, ob sie im aeroben Bereich sind. Denn erst in diesem Bereich macht Joggen Sinn: mehr Sauerstoff aufnehmen, als Sie durch die Bewegung verbrauchen! Von diesen fünfzig Joggern waren aber alle im anaeroben Bereich: Durch ihre Überanstrengung beim Joggen verloren ihre Muskeln mehr Sauerstoff, als durch die Atmung gewonnen wurde (Resultat ist dann der berüchtigte Muskelkater). Ein solches Joggen nützt nichts, sondern schadet nur. Die Jogger hätten besser zu Hause vor dem Fernseher gesessen und nichts getan.

Bewegung nützt nämlich nur, wenn Sie im aeroben Bereich sind. Aerober Bereich heißt: Der Körper hat während der Bewegung ständig genügend Sauerstoff zur Verfügung. Dann verbrennt er auch Körperfett, eine angenehme Nebenwirkung.

Früher hat man gesagt: Sie sind im aeroben Bereich,

wenn Sie sich während der Bewegung noch unterhalten können. Das ist ein gutes Maß, reicht aber noch nicht. Sie können sich unterhalten und doch noch im anaeroben Bereich sein. Im aeroben Bereich sind Sie erst, wenn Sie sich dabei auch glücklich fühlen können. Laufen Sie nur, solange Sie dabei glücklich sind.

Sie werden merken, dass Sie die ideale Form der Bewegung nur durch ein langsames, ausdauerndes Training erreichen:

Beginnen Sie ganz langsam mit 50 Metern und hören Sie dann auf. Also etwa eine Minute ganz langsam laufen, nur wenig schneller als Gehen. Sie merken kaum etwas davon und kommen nicht außer Atem. Das heißt, Sie bleiben noch im aeroben Bereich. Am nächsten Tag laufen Sie ganz langsam zwei Minuten. Sie kommen auch dabei noch nicht außer Atem und laufen schon 100 Meter weit. Am Tag darauf drei Minuten usw. Was passiert? In einem Monat sind Sie bei 30 Minuten und haben gelernt, die ganze Zeit im aeroben Bereich zu bleiben. In der ersten Woche lachen die Nachbarn. Nach drei Monaten beneiden sie Sie.

Jetzt ist nämlich etwas Erstaunliches passiert: Die enzymatische Situation Ihres Körpers hat sich dramatisch geändert. Wir haben normalerweise durch unsere sitzende Tätigkeit nur noch 10 % Fett verbrennende und 90 % Glukose verbrennende Enzyme. Wir können Fett gar nicht mehr verbrennen! Deswegen werden wir es nicht los. Sobald Sie aber drei Monate gelaufen sind, 30 Minuten am Tag, haben Sie 90 % Fett verbrennende und 10 % Glukose verbrennende Enzyme. Das heißt, Sie können dann abnehmen, auch während Sie schlafen. Ihr Körper verbrennt Fett. Ihre enzymatische Situation hat sich verändert.

Das ist bei Jugendlichen noch ganz natürlich der Fall. Sie rennen den ganzen Tag herum, brauchen Bewegung und haben dann ganz natürlich diese Fett verbrennenden Enzyme. Sie können am Abend so viel essen, wie sie wollen, und wachen am Morgen schlanker auf. Der Körper hat es einfach verbrannt und als Wärme abgeführt.

Mit drei Monaten Bewegungstraining sind Sie wieder in einer ähnlichen Situation wie diese Jugendlichen. Der erste Monat dient zum Einsteigen. Beginnen Sie mit einer Minute und steigern Sie sich jeden Tag um eine Minute. Sie merken die Steigerung dann gar nicht. Sie kommen nie außer Atem und sind am Monatsende bei 30 Minuten. Danach können Sie laufen, solange Sie wollen, ohne außer Atem zu kommen, und können essen, soviel Sie wollen, ohne dick zu werden.

Machen wir uns bewusst: Die Gemeinschaft der Hundertjährigen in aller Welt benutzt ein zuverlässig wirkendes Lebenselixier. Es hat folgende Wirkung:

- Es fördert die Leistung und erhöht die Konzentration, vertreibt die Müdigkeit und bringt ständig frische Energie.
- Es macht optimistisch und gut gelaunt und fördert einen erholsamen Schlaf.
- Es bringt ein gesundes Gewicht und schenkt uns eine Traumfigur.
- Es kräftigt die Muskeln, die die Wirbelsäule so besser stützen.
- Es aktiviert den Kreislauf und verbessert unsere Reflexe.

- Es beschleunigt auf natürliche Weise unseren Stoffwechsel so, dass mehr Kalorien verbrannt werden, die Stoffwechselschlacken besser ausgeschieden werden und der Körper sich eine größere Energiereserve schafft.
- Gleichzeitig verbessert es deutlich unsere Fähigkeit zu entspannen und kräftigt nicht nur unseren Bewegungsapparat, sondern auch unsere Organe.
- Es verringert deutlich das Krankheitsrisiko, verlangsamt den Alterungsprozess und verlängert das Leben.

Es hat auch einen Namen, es heißt: *ständige körperliche Aktivität*. Die Gemeinschaft der Hundertjährigen übt ständige körperliche Betätigung. Es kommt also weniger auf gelegentliche sportliche Betätigung an, die eher schadet, als darauf: keinen Fahrstuhl benutzen, das Treppenhaus als natürliches Fitness-Studio gebrauchen, Power-Walking auch auf kurzen Strecken üben, Work-out am Schreibtisch und im Auto machen, Trampolin täglich benutzen, öfter Tanzen gehen usw.!

So wirkt Ihre körperliche Betätigung als Vorsorgemedizin. Denn durch die Bewegung erreichen Sie eine »natürliche Vollatmung«. **Diese erhöhte Zufuhr an Sauerstoff ist der Schlüssel zu Vitalität und Gesundheit.**

Das Treppenhaus ist ein Fitness-Studio in Ihrem Haus. Es kostet keinen Clubbeitrag und kann jederzeit genutzt werden. Sie sollten jeden Tag 800 Stufen nehmen. 800 Stufen aktivieren die Venenpumpe, ändern Ihre enzymatische Situation und vieles mehr.

Bewegung verringert das Risiko, zu früh zu sterben, gewaltig, denn sie trainiert Ihre Muskeln. Ihr wichtigster Muskel ist das Herz. Dieser Muskel muss funktionieren, er darf nicht mal eine Minute aussetzen. Deswegen ist es so wichtig, dass Sie Ihre Muskeln kräftigen. Wenn Sie das tun, bekommen Sie ein jugendliches Aussehen, eine straffe Figur, kräftige Knochen, starke Lungen, ein starkes Immunsystem, sauberes Blut, ein kräftiges Herz und maximale Leistungsfähigkeit.

Welche Art Bewegung?

Ergänzend zu dem beschriebenen Außer-Atem-Training können natürlich auch andere Trainingsarten Ihre Fitness erhöhen und Ihre Vitalität stärken. Da kommen zunächst einmal Walking oder Jogging infrage, wobei Walking meist besser ist als Jogging. Warum? Jogging geht auf die Gelenke. Joggen findet meistens im anaeroben Bereich statt und schadet dann mehr, als es nützt.

Richtig durchgeführtes *Joggen* ist natürlich gut. Richtiges Joggen heißt: Sie schnallen sich einen elektronischen Pulsmesser um, der Ihnen ganz genau während Ihrer Bewegung Ihre individuellen Grenzen aufzeigt. Denn einen Trainingseffekt gibt es nur kurz vor dem anaeroben Bereich. Sie müssen also Ihren Puls beim Laufen genau kontrollieren, und das können Sie ohne Elektronik gar nicht machen. Ein Pulsmesser sitzt am Handgelenk und zeigt Ihnen Ihre individuelle Grenze an, bei der Sie noch im aeroben Bereich sind, also mehr Sauerstoff aufnehmen als verbrauchen. Dann merken Sie von Woche zu Woche, wie sich dieser Bereich verschiebt. So erreichen Sie den optimalen Trainingseffekt beim Joggen.

Wenn Sie *Walking* üben, brauchen Sie eine solche technische Unterstützung nicht. Walking heißt schnell gehen. Früher hat man gesagt: »stramm gehen«. Fangen Sie damit an, wirklich stramm zu gehen. Egal wo Sie gehen, gehen Sie so, als hätten Sie es eilig, aber bleiben Sie innerlich ganz ruhig. Sie ruhen in sich und gehen mit 5,5 bis 6,5 km/h, also sehr zügig.

Den wichtigsten Effekt habe ich Ihnen schon genannt: Ihre enzymatische Situation kehrt sich um. Statt Glukose oder Zucker verbrennender Enzyme haben Sie in wenigen Wochen Fett verbrennende Enzyme, und Ihre Muskeln verbrennen laufend Fett. Laufen ist die einzige Diät, die ewig schlank hält. Wenn Sie dann noch gründlich kauen, können Sie essen, soviel Sie wollen. Das ist Lebensqualität zum Nulltarif.

Sorgen Sie also immer wieder für die körperliche Betätigung zwischendurch.

- Es beginnt ja schon morgens mit dem Aufstehtraining im Bett. Beginnen Sie jeden Tag mit gründlichem *Räkeln*. Das lockert nämlich erst einmal alle Muskeln und löst Spannungen, die vorhanden sind.

- Machen Sie immer wieder ein *Minutentraining*, auch im Auto, im Büro, am Arbeitsplatz. Finden Sie immer wieder eine Möglichkeit, zu trainieren, auch wenn es nur kurz ein paar Sekunden sind. Das summiert sich im Laufe des Tages und führt zu einem ganz beachtlichen Ergebnis.

- Eine Bewegung, die wir nur gestreift haben, die aber ideal ist, ist *Tanzen*. Warum Tanzen? Dabei verbinden Sie zwei schöne Dinge miteinander. Sie hören Musik, die Sie mögen, und Sie bewegen sich.

Die psychischen Vorteile eines regelmäßigen Herz-Kreislauf-Trainings

Körperliche Bewegung bekämpft Depressionen. Viele Psychiater und Psychologen verschreiben ihren Patienten regelmäßige aerobische Übungen, um Depressionen mit natürlichen Mitteln zu mildern oder zu heilen.

Körperliche Bewegung vermindert auch Stress. Es gibt mehrere Theorien, warum das so ist. Manche Fachleute glauben, dass körperliche Übungen die Produktion von bestimmten Hormonen im Gehirn anregen, so genannten Beta-Endorphinen, die bewirken, dass man sich gut fühlt und gelassener ist. Andere Experten meinen, dass die Stressgefühle vermindert werden, weil das Gehirn durch die körperliche Bewegung reichlich mit sauerstoffhaltigem Blut versorgt wird und besser funktioniert.

Unabhängig von diesen Theorien hat uns auch unsere Erfahrung gelehrt, dass körperliche Bewegung Stress abbaut. In unserer Privatpraxis spezialisieren wir uns auf Probleme, die mit Stress zu tun haben. Als Erstes empfehlen wir immer, dass der Klient oder die Klientin an einem aerobischen Übungsprogramm teilnimmt (sofern der Arzt nichts dagegen einzuwenden hat). Es gibt unserer Meinung nach nichts Besseres als körperliche Bewegung, um sich ausgeglichen und gut zu fühlen. Und das ganz ohne negative Nebenwirkungen, wie sie etwa Beruhigungspillen haben.

Körperliche Bewegung verbessert das Selbstbild. Ist Ihnen schon einmal der Unterschied zwischen Menschen, die körperlich fit sind, und denen, die es nicht sind, aufgefallen? Im Allgemeinen haben die Ersteren eine geradere, entspanntere Haltung. Das ist eine natürliche Folge von regelmäßiger sportlicher Betätigung und führt oft zu einem positiven Selbstverständnis.

Körperliche Bewegung regt auch die geistige Kreativität an. Niemand weiß genau, warum körperlich aktive Menschen auch geistig mehr leisten; wahrscheinlich liegt es wieder daran, dass mehr sauerstoffreiches Blut in das Gehirn gelangt. Viele Untersuchungsergebnisse weisen darauf hin, dass durch regelmäßige körperliche Bewegung selbstständiges Denken und die Fähigkeit, Probleme zu lösen, verbessert werden.

Das Prinzip der subjektiven Unterforderung

Worauf kommt es beim Ausdauerlaufen wirklich an? Doch sicher darauf, dass der Organismus nicht vorzeitig »sauer« wird. Herz, Kreislauf, Muskelaktivität und Bewegungskoordination sollen, aufeinander abgestimmt, Ausdauerbewegungen ermöglichen, die der Organismus ohne Erschöpfung leisten kann.

Wenn ein Ausdauersportler am so genannten »toten Punkt« angekommen ist, hat er es bereits falsch gemacht. Es ist eine »Übersäuerung« der Muskelzellen eingetreten, die während dieser Trainingsphase nicht mehr abgebaut werden kann. Der Läufer muss erschöpft anhalten oder sich keuchend weiter durchkämpfen. Beides ist entmutigend. Beides ist aber auch vermeidbar.

Das Problem liegt darin: Der Läufer ist zu Laufbeginn so mit Energie- (ATP = Adenosintriphosphat und KP = Kreatinphosphat) und Sauerstoffpotenzialen versorgt, dass er gefühlsmäßig davon ausgeht, dies reiche auch für die folgende Zeit des Laufens. Dies trifft aber nur für die ersten 30 bis maximal 90 Sekunden zu, weil der Organismus nur geringe Mengen Sauerstoff, ATP und KP speichern kann.

Bei normalem Laufen sind diese Reserven nach einer Minute verbraucht. Der Läufer verfügt dann nur noch über seine Fähigkeit, Sauerstoff einzuatmen. Dieser wird zusammen mit neuen Mineralsalzen über Lunge, Herz und Gefäßsystem (Arterien, Arteriolen) in die arbeitenden Muskelzellen befördert, dort in Energie umgewandelt und als Kohlendioxid über die Venen ausgeschieden.

Bis jedoch dieser Anpassungsvorgang geregelt ist, vergeht Zeit. Das dauert unterschiedlich lange, ist aber nicht vor wenigstens drei bis fünf Minuten nach Laufbeginn zu erwarten. Wird in dieser Zwischenzeit aber im selben Tempo weitergelaufen, entsteht so lange ein Versorgungsengpass, bis über den Herz-Kreislauf-Mechanismus die Anschlussversorgung (besonders mit Sauerstoff) sichergestellt ist.

Der Organismus kann nun diese Versorgungslücke dadurch überbrücken, dass er Energie auch ohne Sauerstoff gewinnt. Die Folge davon ist allerdings das chemische Endprodukt Laktat (Milchsäure). Dieses wirkt sich als lähmende Substanz (Säure) negativ in den Zellstrukturen aus. Die Energieausbeute fällt rapide ab, beträgt nur noch ein Zwanzigstel des normalen Ertrages. Es kommt zum »Sauerwerden« bzw. zum »toten Punkt«.

Wie kann diese Versorgungslücke vermieden werden? Indem von Anfang an eine so geringe Belastungsintensität gewählt wird, dass diese Defizite gar nicht erst entstehen. Das ist dann etwa die Anstrengung, von der wir subjektiv den Eindruck haben, dass sie eigentlich unter unserem Leistungsniveau liegt, dass also eine Unterforderung vorliegt und »es nichts bringt«.

In Wirklichkeit wird dabei dem Organismus genügend Zeit und Gelegenheit gegeben, sich an die geforderte Belastungshöhe anzupassen. Läufer, die sich bei Beginn eines Ausdauertrainings nur von ihrem Leistungsgefühl leiten lassen, kommen fast zwangsläufig in das Stadium der Übersäuerung. Oftmals bemerken sie diesen Zustand überhaupt nicht. Oder sie stellen es erst fest, wenn sie nach dem Training eine Erholungspause benötigen. Es müsste aber genau umgekehrt sein: Richtig gehandhabt, müssten wir nach dem Training so erfrischt und erholt sein, dass wir hinterher fit und zu neuen Taten aufgelegt sind.

Von daher ist es richtig, mit Verstand zu laufen, das heißt sich die Notwendigkeit eines »übertrieben« langsamen Laufens (subjektive Unterforderung) vor Augen zu führen und ganz bewusst die ersten ein bis fünf Minuten langsam zu traben (joggeln), statt zu joggen.

Walking

Walking, entweder flottes aerobes Walking oder »inneres Walking«, kann ein verändertes Zeitgefühl erzeugen. 20 Minuten Walking können Ihnen wie fünf vorkommen. Oder Sie sind eine Stunde unterwegs und meinen, es seien nur 20 Minuten gewesen. Die Zeit zieht sich nicht hin, sondern Sie verlieren sie aus den Augen. Sie befinden sich in einer anderen Dimension.

Um die Zeit zu verstehen, müssen wir uns klar machen, dass es drei verschiedene Arten von Zeit gibt und wir ständig in drei getrennten Zeitzonen leben.

Es gibt die soziale Zeit, die wir auch Uhrzeit nennen können: erfahrene, erlebte Zeit, die in Minuten, Stunden, Tagen und Wochen gemessen wird; Zeit, in der wir unser Leben nach Zug- oder Busfahrplänen und mithilfe von Telefonaten oder Faxen regeln; Zeit für Geburt, Wachstum und Tod.

Dann gibt es die kosmische Zeit oder Naturzeit, die wir als das Unendliche erleben, das expandierende Universum, die zehn Milliarden Jahre zurück bis zum Urknall, die Jahreszeiten und die Evolution.

Und es gibt die innere Zeit. Sie hat nichts zu tun mit Uhren, Kalendern oder sozialer Konditionierung, nichts mit dem expandierenden Universum oder den Jahreszeiten.

Die innere Zeit gehört nur uns allein. Wir sind wirklich ganz bei uns, können nachdenken und uns daran erinnern, wer wir sind.

Die innere Zeit ist das, worum es beim »inneren Walking« geht. Wir lassen das Gewicht der Uhrzeit oder sozialen Zeit hinter uns, finden im Freien, auf der Straße, uns selbst und entdecken den Weg zu unserem tiefsten Ich.

Walking – das ideale Training

Warum Walking immer Nutzen bringt:

Walking ist die beste Übung – eine vollkommen natürliche Aktivität; Ihr Spaß daran wird um so größer, je mehr Ihre Fitness zunimmt.

Walking ist gewohnheitsbildend, je öfter Sie es praktizieren, desto größer wird Ihr Verlangen nach permanenter Steigerung.

Aerobes Walking verschafft Ihnen sämtliche Fitnessvorteile des Joggens, Radfahrens und der Tanzgymnastik »Aerobics« ohne die mit diesen Bewegungsabläufen häufig einhergehenden Verletzungen.

Aerobes Gehen macht Sie schlank und ist die ideale Methode zur Gewichtskontrolle.

Walking ist einfach und ungefährlich. Nahezu jeder kann es – einschließlich der ganz jungen, der älteren und jener Menschen, die sich von einer Krankheit erholen.

Walking beugt Herz- und Kreislauferkrankungen vor und senkt den Blutdruck.

Walking verhilft Ihnen zu besserem Schlaf und ist ein wirksames Mittel gegen Stress, nervöse Anspannung und Depression.

Walking vermag Ihre Körperhaltung zu verbessern und Schmerzen im unteren Rückenbereich vorzubeugen.

Walking erfordert keine besonderen Fähigkeiten oder Geräte.

Walking ist aerob

Das Geheimnis des aeroben Walkings beruht auf einer Gehgeschwindigkeit von 5,6 bis 6,4 Stundenkilometern über einen Zeitraum von mindestens 20 Minuten, in dem die Herzfrequenz auf 60 bis 85% ihres Maximalwerts steigt. Unter 60% hat das Training keine aerobe Wirkung, die andererseits wieder auf einer Stufe von mehr als 85% nur von sehr durchtrainierten Menschen erzielt wird (siehe Tabelle).

Alter	Maximale Herzfrequenz	
	85%-Stufe	60%-Stufe
20	200	170
25	195	166
30	190	162
35	185	157
40	180	153
45	175	149
50	170	145
55	165	140
60	160	136
65	155	132
70	150	128

Überlegen Sie: Luft ist im Grunde der »Atem des Lebens«. Wir können ohne sie nicht existieren, doch viele von uns bekommen Tag für Tag zu wenig davon.

Radfahren

Das *Radfahren* ist besonders Übergewichtigen und solchen Menschen anzuraten, die Probleme mit den Gelenken haben. Hier muss allerdings darauf hingewiesen werden, dass – wie bei allen Ausdauertrainingsarten – auf gleichmäßige und andauernde Bewegung zu achten ist. Dreimal treten und dann das Rad im Freilauf laufen lassen – das unterbricht den Anpassungsmechanismus. Fachleute wissen: Erst ab zwölfeinhalb Minuten andauerndem Herz-Kreislauf-Training findet ein so genannter Qualitätssprung statt, in dem die Herz-Kreislauf-Anpassung den größten Gewinn im Sinne von Aufwand und Nutzen erreicht.

Radfahren zur Energiesteigerung

Sieht man das Fahrrad nur als Trainingsinstrument, kann das Heimfahrrad eine sinnvolle Alternative zum normalen Fahrrad sein.

Wie für Fahrräder kann man auch für Heimfahrräder viel oder wenig Geld ausgeben. Die teuersten sind komplizierte Maschinen, die über einen Computer gesteuert werden und bei denen man die verschiedensten Schwierigkeitsgrade einstellen kann, vom langsamen Aufwärmen bis zum simulierten anstrengenden Bergauffahren. Dagegen kann man ein einfaches Heimfahrrad mit mechanischem Zeitmesser, Kilometerzähler, Geschwindigkeitsmesser und Einstellschraube für den Schwierigkeitsgrad für verhältnismäßig wenig Geld bekommen.

Vorteile des Radfahrens

- Muskeln und Gelenke werden beim Radfahren weniger belastet als beim Laufen. Bei empfindlichen Kniegelenken ist Radfahren besser als Gehen, weil weniger Gewicht auf den Knien lastet.
- Radfahren macht Spaß! Man wird an glückliche Zeiten aus der Kindheit erinnert, und außerdem kommt man viel an die frische Luft.
- Vieles können Sie mit dem Fahrrad erledigen, statt mit dem Auto zu fahren oder öffentliche Verkehrsmittel zu benutzen.
- Man kann allein oder mit einer Gruppe Rad fahren.
- Vielen macht es Spaß, mehrere Fahrräder zu besitzen und sie selbst zu reparieren.

• Es gibt viele Clubs für Radfahrer, die Ausflüge und Reisen organisieren.

Radfahren hat also viele gute Seiten, aber man muss darauf achten, dass man sich dabei auch ausreichend anstrengt, wenn man Herz und Kreislauf durch diesen Sport gesund erhalten will. Man muss schon mit mehr als 20 km/h fahren, wenn man den Fitnessansprüchen genügen will, wobei schnelles Bergabfahren natürlich nicht zählt! Auf dem Heimrad kann man den Grad des körperlichen Einsatzes einfacher ablesen.

Nachteile des Radfahrens

Radfahren auf öffentlichen Straßen als aerobischer Sport hat bestimmte Nachteile, vor allen Dingen Wetterabhängigkeit und Gefährdung durch den Verkehr. Fahren Sie möglichst auf ruhigen Straßen oder besser noch auf Fahrradwegen. Sie sollten sich einen Helm besorgen, der den Kopf schützt. Sie müssen Ihr Fahrrad immer in gutem Zustand halten, um Unfälle zu vermeiden.

Schwimmen

Einen ähnlichen Trainingseffekt wie das Radfahren hat auch das *Schwimmen*. Schwimmen ist aber nur dann wirklich effektiv, wenn sich der Betreffende auch im Wasser wohl fühlt. Wer von Unsicherheiten (Angst vor springenden Kindern, vor Verschlucken) oder von allergischen Reaktionen (Chlor, Fußpilz) geplagt ist, der ist nur verkrampft bei der Sache.

Trampolinschwingen

Das Trampolinspringen, ich nenne es lieber *Trampolinschwingen* (rebounding), ist in den letzten Jahren zu einem Insidertipp geworden.

Im Verlauf eines vielseitigen Astronautentrainings fiel den Amerikanern auf, dass die Fitness mittels Trampolinübungen schneller zu steigern war als mit anderen traditionellen Trainingsformen wie Jogging, Aerobics und dergleichen.

Besonders interessant war, dass mit der Steigerung der Herz-Kreislauf-Leistung auch das so genannte Bodyshaping (Optimierung der Figur), das vielen so erstrebenswert erscheint, einherging. Nach eingehenden Untersuchungen fand man heraus, woran das liegt und welche segensreichen zusätzlichen Wirkungen sich durch das Trampolinschwingen einstellen.

Durch die schwingenden Übungen wird der Körper – zumindest für Sekundenbruchteile – in einen schwerelosen Zustand versetzt. Andererseits erfolgt in der Phase des Abfederns eine kurze Anspannung der gesamten Zellstruktur, sodass jede Zelle gewissermaßen tonisiert wird.

Das hat einen außerordentlich günstigen Nebeneffekt: Es aktiviert den Lymphkreislauf. Dies ist insofern bedeutsam, weil über die Lymphe unser gesamtes Immunabwehrsystem gesteuert wird.

Weil durch das Trampolinschwingen eine Art Lymphdrainage erfolgt, wird die normalerweise nur sehr langsam fließende Lymphe (1,5 bis 2,5 Liter in 24 Stunden) in ihrem Umlauf erheblich beschleunigt. Sie fließt in einem dem Blutkreislauf parallelen Gefäßsystem und hat die Aufgabe, das Zellsystem von Fremdkörpern und Fremdstoffen zu entgiften.

Übergewichtige wird es besonders interessieren, dass diese Trainingsform auch das Gewicht reduziert bzw. unter Kontrolle hält, weil die Stoffwechselreaktion beschleunigt, die Darmmuskulatur (Peristaltik) aktiviert und damit die Verdauungszeit verkürzt wird.

Fazit ist also, dass durch das Trampolinschwingen das Immunabwehrsystem gestärkt und die Regenerationszeiten des Körpers erheblich verkürzt werden. Da diese Trainingsform außerdem sehr gelenkschonend ist, die Balancefähigkeit fördert und obendrein ohne Zeitverlust (An- und Umziehen, Fahrt in den Wald etc.) direkt am Bett ausgeführt werden kann, ist dies eine ideale Trainigsmöglichkeit für Menschen aller Altersgruppen, die wenig Zeit haben und sich trotzdem rundum konditionieren möchten.

Das Trampolinschwingen ist nun keineswegs ein Dauerspringen, sondern eine Bewegungsform, bei der man sich allmählich in Schwingung versetzt. Die Füße behalten gewissermaßen Bodenkontakt. Die Schwingungen sind gerade so stark, dass man im »Sprung« noch Dreh-, Traversal- oder Hampelmannübungen vollziehen kann. Wichtig: Dafür eignen sich nur solche Trampoline (Minitramps), die mindestens 30 cm Bodenfreiheit haben und nicht zu straff gespannt sind. Nur dann garantieren sie genügende Schwingungsfreiheit zur Schonung der Gelenke.

Bei Untersuchungen einer schwedischen Sporthochschule stellte sich heraus, dass der Trainingseffekt auf dem Trampolin bei gleichem Krafteinsatz (Pulsfrequenz) einer um ca. 30% höheren Belastung (als z. B. beim Laufen) entspricht. Es ist – noch einmal zusammengefasst – eine Trainingsform, die die Immunvorgänge deutlich begünstigt, das Fettgewebe verstärkt abbaut und die Kondition überdurchschnittlich erhöht.

Das Trampolinschwingen (fünf Minuten täglich genügen schon) scheint aus dieser Sicht außerordentlich empfehlenswert zu sein.

Sport ohne Muskelkater

Wenn Sie Sport treiben oder am Wochenende mal eine Wanderung machen, dann bekommen Sie oft einen Muskelkater. Sie meinen, das wäre normal, aber das stimmt nicht. Bei Muskelkater ist der Körper durch die Milchsäure übersäuert, die sich durch Überanstrengung gebildet hat. Wenn Sie aber vorher reichlich Basen nehmen und dann Ihre Wanderung machen, bekommen Sie keinen Muskelkater.

Aber selbst wenn Sie vorher nicht daran gedacht haben und Sie sich sportlich so stark engagiert haben, dass Sie mit einem Muskelkater rechnen müssen, gibt es eine einfache Lösung: Legen Sie sich in die Badewanne und füllen Sie dort ungefähr 10 Gramm Natron ein. Machen Sie die Wanne nur halb voll (sonst brauchen Sie 20 Gramm) und baden Sie darin, möglichst eine Stunde. So entsäuern Sie den Körper und baden den aufkommenden Muskelkater weg.

Sport in der Natur: Sonne tanken

Wenn Sie genug ins Licht gehen, brauchen Sie kein Vitamin D. Gehen Sie auch im Winter in die Sonne. Sie bekommen Vitamin-D-Mangel, wenn Sie zu wenig Licht haben. Wenn Sie Vitamin D nehmen, können Sie diesen Mangel ausgleichen, aber Sie können damit nicht Ihren Lichtmangel beheben.

Viele bekommen durch Lichtmangel eine Winterdepression oder zumindest eine Stimmungseintrübung. Sorgen Sie also dafür, dass Sie auch im Winter genügend Licht haben. Wenn das nicht möglich ist, dann gehen Sie ein-, zweimal die Woche in ein Solarium, nicht zum Bräunen, das kann nebenbei sein, aber das brauchen Sie gar nicht. Es geht um das Licht; Sie brauchen eine halbe Stunde lang 10 000 Lux. Das wirkt wie ein Stimmungsaufheller. Geben Sie Ihrem Körper mindestens einmal in der Woche ein Lichtbad. Das kostet nicht viel und tut Ihnen unglaublich gut.

Motivationshilfen

Die folgenden sieben Punkte können Ihnen eine Hilfe beim Einstieg in Ihr Trainingsprogramm sein. Es dauert mindestens sechs Wochen, bis Ihr Organismus dieses neue Programm akzeptiert hat. Innerhalb dieser ersten sechs Wochen sind Sie also auf Ihren Durchhaltewillen angewiesen. Von dieser Erfahrung ausgehend, sollten Sie mit folgenden Schritten beginnen:

1. Sie sind überzeugt – nicht überredet – und fassen den Entschluss: Ja, ich will in diesem oder jenem Punkt mein Leben ändern.

2. Sie setzen die Hürde nicht zu hoch, sondern fangen klein an (Prinzip der subjektiven Unterforderung), nach dem Motto: Erfrischen statt erschöpfen.

3. Stellen Sie sich einen Plan auf. Wann fange ich an? Wie oft, wie lange und wo will ich trainieren?

4. Legen Sie sich ein Kontrollsystem zu (Verabredung mit Trainingspartner, Einplanung im Terminkalender, Vertrag schließen usw.).

5. Setzen Sie sich eine Belohnung aus.

6. Machen Sie sich bewusst, dass jedes Training (und wenn es nur fünf Minuten dauert) ein Gewinn ist.

7. Fangen Sie einfach an.

Es geht letztendlich nicht darum, ein Teilzeitjogger zu werden, sondern die körperliche Aktivität als einen natürlichen Bestandteil des Lebens wiederzuentdecken. Dazu ist es übrigens nie zu spät.

Selbst bei einem siebzigjährigen Menschen sind noch erstaunliche Muskelzuwächse und deutliche Verbesserungen der Herz-Kreislauf-Leistung möglich.

Es kommt nur darauf an, ob Sie wirklich wollen. Und dann tritt auch schon das alte Sprichwort in Kraft: Wo ein Wille ist, ist auch ein Weg!

4. Säule:
Ruhe, Entspannung, Schlaf

Die vierte Säule der Gesundheit sind Ruhe, Entspannung und Schlaf.

Die meisten Menschen haben Schlafschulden. Es gibt eine ganz einfache Methode, um diese Schlafschulden abzutragen. Schlafen Sie so, dass Sie nie mehr vom Wecker geweckt werden. Gehen Sie, wenn irgend möglich, so früh zu Bett, dass Sie vor dem Weckerklingeln von selbst aufwachen. Dann entwickelt sich ein ganz natürlicher Rhythmus mit ausreichendem Schlaf. Was wollen Sie von einem Tag erwarten, der Sie schon durch Weckergeklingel aus dem Schlaf reißt? So sollte man den Tag nicht beginnen. Also wachen Sie ganz natürlich auf, nachdem Sie Ihren Traumzyklus beendet haben und lange genug geruht haben. Dann sind Sie morgens taufrisch und bärenstark und können schon vor dem Frühstück Bäume ausreißen. Sie werden sich den ganzen Tag lang rundum wohl fühlen.

Prüfen Sie auch einmal, ob Sie ein Mittagsschläfchen brauchen. Wenn es Ihnen gut tut, sollten Sie sich unbedingt die Zeit dafür nehmen.

Test: Haben Sie Schlafschulden?

Beim qualitativen »Schlaftest« des amerikanischen Schlaf-forschers Stanley Coren gibt es keine richtigen oder falschen Antworten. Wenn Sie konzentriert und ehrlich antworten, kann er Ihnen zeigen, ob Sie genügend schlafen oder Schlafschulden angehäuft haben. Beantworten Sie die nachfolgenden Fragen mit Ja oder Nein.

1. Brauchen Sie morgens einen lauten Wecker, um aufzuwachen?
2. Gehen Sie nach dem Weckerklingeln häufig in eine »Warteschleife« und genehmigen sich noch einige Minuten?
3. Empfinden Sie das Aufstehen als einen Kampf?
4. Überhören Sie manchmal den Wecker?
5. Haben Sie den Eindruck, dass ein Glas Bier oder Wein ermüdend wirkt?
6. Schlafen Sie an Wochenenden viel länger als unter der Woche?
7. Unterscheidet sich Ihr Schlafverhalten im Urlaub deutlich vom »Alltag«?
8. Haben Sie den Eindruck, dass Ihre normale »Morgen-Fitness« nicht mehr so gut ist wie früher?
9. Fallen Ihnen Routine-Tätigkeiten schwerer als früher?
10. Schlafen Sie manchmal ein, wenn Sie es gar nicht wollen?
11. Fühlen Sie sich sehr schläfrig, während Sie sitzen und lesen?
12. Fühlen Sie sich manchmal sehr müde, wenn Sie fernsehen?

13. Sind Sie bei Flug-, Auto-, Bus- oder Bahnreisen sehr müde und schlafen während der Reise?
14. Fühlen Sie sich nach einem ausgiebigen Essen sehr müde, selbst wenn Sie keinen Alkohol getrunken haben?
15. Werden Sie schläfrig, wenn Sie in einem Theater oder Kino sind?
16. Fühlen Sie sich manchmal so müde, dass Sie beinahe einschlafen, wenn Sie Auto fahren und in einem Stau stecken?
17. Trinken Sie mehr als vier Tassen Kaffee oder koffeinhaltigen Tee am Tag?

Schlaftest-Auswertung:

Geben Sie sich für jede »Ja-Antwort« einen Punkt und zählen Sie die Punkte zusammen. Im Einzelnen bedeuten Ihre Testergebnisse:

4 oder weniger Punkte:
Sie schlafen genügend und haben keine Schlafschulden.

5 oder 6 Punkte:
Meist finden Sie genügend Schlaf. Dennoch gibt es Tage, an denen Ihr Schlafkonto zu belastet ist und Sie nicht ganz fit sind.

7 oder 8 Punkte:
Sie haben spürbare Schlafmängel. Manchmal kommt es auch zu kurzzeitigen »Absencen«. Die Gefahr von Unkonzentriertheit wächst, und Sie reagieren ungeschickt.

9 bis 11 Punkte:
Sie haben deutliche Schlafprobleme, fühlen sich überarbeitet und ausgelaugt. Sie müssen auch darauf achten, dass Sie beruflich keine Fehler machen.

12 bis 14 Punkte:
Die Schlafdefizite sind groß. Neben einer verminderten körperlichen Leistungs- und Konzentrationsfähigkeit fühlen Sie sich auch psychisch meist nicht gut, reagieren schlecht gelaunt oder gar depressiv.

15 bis 17 Punkte:
Schlafschulden in diesem Bereich sind meist klinisch und behandlungsbedürftig. Falls Ihr Wert in einem Wiederholungstest nach wenigen Wochen und Abtragen Ihrer Schlafschulden nicht unter sieben Punkte gefallen ist, sollten Sie sich um professionelle, schlafmedizinische Hilfe kümmern.

Die Grundlage der Entspannung

Entspannung stellt sich fast immer durch Distanz zum Stressereignis ein. Das heißt, wir müssen Abstand zu der Situation gewinnen, die uns unruhig macht. Am besten geht dies im Urlaub, wenn wir den Alltag hinter uns lassen und in eine andere Umgebung eintreten. Aber Entspannung im Urlaub – das ist nicht genug.

Tatsächlich können wir dieselbe Abstandshaltung auch in kürzester Zeit erreichen, wie es uns manche Spitzensportler schon vorexerziert haben, indem wir einen »Anker« zur sofortigen Stressentspannung setzen.

Die Mechanismen sind einfach. Eine Entspannungsform im Leben (z. B. eine Entspannungsmusik) wird irgendwann in aller Ruhe (im entspannten Zustand) eintrainiert. Sie wird immer wieder so lange geübt, bis schon die geringste Erinnerung an dieses Entspannungstraining die Entspannung als Reflex automatisch eintreten lässt.

Solche Entspannungszeichen oder Anker können Musikstücke sein. Aber auch Gerüche (Zimt), Geräusche (das Schlagen eines Gong), Lichtzeichen oder bestimmte Handlungsabläufe (das Geradeziehen der Tennisschlägersaiten in den Spielpausen) usw. können, wenn sie bewusst als Entspannungsritual in Ruhe einstudiert werden, dazu führen, dass die Entspannung allein schon durch das Signal eintritt, selbst wenn die äußeren Umstände ungünstig sind.

Praktisch sieht das so aus:

Sie versetzen sich an einem entsprechend ruhigen Ort in den Zustand wohliger Ruhe und Entspannung (zehn, zwanzig oder dreißig Minuten lang, je nach Ihren Bedürfnissen). Wenn Sie sich am wohlsten fühlen, lösen Sie ein Signal (z. B. Schnipsen mit dem Finger) aus. Dieses Training wiederholen Sie täglich über einen längeren Zeitraum (mindestens sechs Wochen lang) so oft, bis Sie allein schon durch das Signal an die Entspannungssituation erinnert werden.

Sind Sie gestresst oder angespannt, lösen Sie nur noch das Signal aus. In Sekundenschnelle verändert sich Ihre Gemütsverfassung, und Sie gewinnen neue Kraft und Zuversicht.

Im Übrigen kennen wir bereits durch Erfahrung antrainierte Entspannungssignale: Meeresrauschen, Vogelgezwitscher, Wolken am blauen Himmel, plätscherndes Wasser, die Vorstellung, in einer Sommerwiese zu liegen, etc. Allein die Erinnerung daran hat auf uns beruhigende Wirkung. Zum effektiven Abbau von Stress empfehle ich Ihnen die »Stopptechnik«. Wenn Sie starkem Stress oder einer unangenehmen Situation ausgesetzt sind, sagen Sie so laut, wie es nur geht: **STOPP**. Und denken Sie gleichzeitig an eines dieser Stoppschilder an Straßenkreuzungen. Versetzen Sie sich dann mit den Gedanken mitten in eine Landschaft oder eine Situation, die Ruhe und Zufriedenheit erweckt. Es ist sehr wichtig, dass das von Ihnen gewählte Bild für Sie viel bedeutet und Sie mit diesem Bild eine positive Emotion verknüpfen können.

Am Anfang werden die Ergebnisse von kurzer Dauer sein, und Sie werden die Technik sogar mehrmals am Tag anwenden müssen. Nach einigen Tagen Training wird aber die Entspannungswirkung schon nachhaltiger sein.

Ich wiederhole es, der Erfolg dieser Technik beruht in erster Linie auf der Wahl des entspannenden Bildes, das bei der betroffenen Person eine starke positive Emotion erzeugen soll, und zweitens auf einer häufigen Wiederholung dieser Technik. Die wiederholte Anwendung müsste sich auf einen Zeitraum von mindestens 21 Tagen erstrecken, damit eine neue Gewohnheit entstehen kann, bei der das Gehirn einem negativen Gedanken einen Riegel vorschiebt und sich von selbst nach einem positiven Gedanken ausrichtet.

Einer meiner Freunde, ein erfolgreicher Geschäftsmann, erzählte mir, wie er bei größeren Finanzgeschäften seinem Stress begegnet. Er sagte: »Wenn ich mich gestresst fühle und anfange, zu zweifeln und Angst zu haben, schiebe ich einen Riegel vor und sage mir, dass Geld nicht so wichtig wie meine Gesundheit ist. Ich sehe mich am Strand beim Joggen, mit nackten Füssen im Wasser, geblendet von den Sonnenstrahlen, die meine Haut streicheln. Es wirkt sofort, ich fühle, wie die Spannung abnimmt.«

Wer liebt, lebt gesünder

Die alte Volksweisheit »Liebe ist die beste Medizin« ist jetzt durch neue Untersuchungen wissenschaftlich bestätigt worden. Unabhängig voneinander stellten Wissenschaftler aus Deutschland, Israel und England fest, dass es direkte Zusammenhänge zwischen Sexualität, Liebe und Gesundheit gibt.

Die erste dieser »zärtlichen Erkenntnisse« lautet: Menschen, die intensiv lieben, leben gesünder und bis zu zehn Jahre länger als andere. Das hat nach den Erkenntnissen der Forscher viel mit Sex und Leidenschaft zu tun, doch ebenso wichtig für körperliches Wohlbefinden sind Vertrauen, Verständnis, Sanftmut, innere Harmonie und das Gefühl, sich in Krisenzeiten auf den anderen verlassen zu können. Werden diese Bestandteile einer Partnerschaft brüchig oder gar zerstört, drohen typische »Liebesentzugskrankheiten« wie Migräne, Magengeschwüre, Rückenschmerzen, Asthmaanfälle und Herzrhythmusstörungen.

So befragte Professor Abramov vom Städtischen Gesundheitsamt in Tel Aviv hundert Infarktpatientinnen nach ihrem vorherigen Sexualleben. Dabei stellte sich heraus, dass die Patientinnen (zwischen 40 und 60) zu

65% vor ihrem Infarkt ein unbefriedigendes Sexualleben geführt hatten. Grundsätzlich litten die sexuell unbefriedigten oder frigiden Frauen – so Professor Abramov – häufiger an Herzanfällen als andere.

Professor Dr. Werner Habermehl registrierte im Rahmen eines Forschungsprojekts an der Bielefelder Universität Ähnliches: Er stellte einen kleinen sexualmedizinischen Symptomenkatalog zusammen und nannte sechs Störungen als Folge mangelhafter Liebe:

1. Kopfschmerzen:

Sie treten vor allem bei jenen Frauen auf, die sexuell bei ihrem Partner nur selten die Erfüllung finden, die sie erhoffen. Aber auch wenn die körperliche Attraktivität des Partners schwindet und Zärtlichkeit und Sensibilität aus »Gewohnheit« nachlassen, treten gehäuft Migräneanfälle und Kopfschmerzen auf.

2. Kreislaufbeschwerden:

Sie werden meist durch ein ganzes Bündel von Störungen im Sexualleben ausgelöst (zum Beispiel häufiges Alleinsein, sexuelles Desinteresse).

3. Esssucht:

Bei absoluter Gleichgültigkeit und ständiger Lieblosigkeit des Partners wird oft mit übermäßiger Esssucht reagiert. Der kaum zu stillende Appetit wird dann zur Ersatzbefriedigung. Ihr Motto: statt Zärtlichkeit Schokolade.

4. Magenbeschwerden:

Wer sich vom Partner gefühlsmäßig zurückgestoßen fühlt (zum Beispiel durch Sätze wie »Das begreifst du doch nicht«), reagiert mit Magenschmerzen, denn diese Kränkungen sind oft nur schwer zu verdauen. Magengeschwüre drohen.

5. Nervosität:

Wer in einer Partnerschaft einsam ist, leidet oft an nervöser Unruhe. Nervosität kann aber auch ein Symptom für seelische Einengungen durch den Partner sein, der keine Freiräume mehr zulässt, also den Beherrscher spielt.

6. Schlaflosigkeit:

Wer sich nicht geborgen fühlt, schläft oft schlecht. Auch das Gefühl, vom Partner körperlich nicht mehr begehrt und geistig nicht mehr gefordert zu sein, führt zu schweren Schlafstörungen.

Dass Liebe gesund ist und das Leben verlängern hilft, bestätigte jetzt auch der englische Mediziner Dr. Marsden Wagner von der Weltgesundheitsorganisation (WHO). Er sagt: »Die moderne Medizin hat jahrelang die Heilkräfte der Liebe vergessen. Gute Freunde und Zufriedenheit im Sexualleben sind wichtiger für die Gesundheit als Essen, Bewegung, Alkohol- und Zigarettenverzicht. Also umarmt euch einmal täglich und bleibt im Gespräch. Denn Schweigen ist der Todfeind jeder Partnerschaft.

5. Säule:
Positive Gedanken und Gefühle

Die fünfte Säule der Gesundheit sind positive Gedanken und Gefühle.

Wo belasten Sie sich mit negativem Denken? Ganz wichtig für die Psychohygiene ist es, dass Sie jeden Abend eine private »Tagesschau« machen. Mal nicht die um 20 Uhr im Fernsehen, sondern Ihre eigene. Am Ende dieses Abschnitts finden Sie einen Übungsvorschlag dafür.

Probleme sind Geschenke

Die meisten Menschen haben dieses Fehlprogramm: Sie möchten gerne, dass ihr Leben ausschließlich angenehm ist. Natürlich, wer will das nicht? Sie möchten keine Probleme haben, alles soll reibungslos und harmonisch sein.

Stellen Sie sich einmal vor, Sie würden ein Buch über einen solchen Menschen lesen: Er wurde geboren als ersehntes Einzelkind von einem Millionärs-Ehepaar. Schon im Kindergarten war er bei allen Tanten und bei den übrigen Kindern beliebt. Sie teilten immer alles gerne mit ihm. Dann kam er zur Schule, ein Jahr zu früh. Er bestand alle Prüfungen, war hochintelligent, machte das Abitur mit 14, fing an zu studieren. Mit 20 hat er promoviert. Dann heiratete er in eine Firma, die einzige Tochter natürlich, erbte die Firma, erweiterte sie. Bekam den Nobelpreis.

Würde Ihnen das gefallen? Als Buch wäre es sicher stinklangweilig. Solch ein Buch würden Sie doch nicht lesen und solch einen Film nicht anschauen wollen. Aber genauso langweilig und reibungslos wollen die Leute leben! Genauso hätten sie es gerne. Sie wissen gar nicht, dass ein solches Leben eine Strafe wäre, und »Gott sei Dank« passiert es nicht so.

Wenn Sie erst einmal umgekehrt erkennen: Jedes Problem ist ein Geschenk für mich. Wobei das Problem selbst ja nur das Geschenkpapier ist. Der Inhalt, das Geschenk, ist immer eine Erkenntnis. Und es ist wie bei einem Geschenk: Um zu wissen, was drinnen ist, muss ich erst einmal das Papier lösen. Ich muss es auspacken. Ich muss das Problem lösen, dann komme ich an die Erkenntnis. Deswegen ist jedes Problem ein Geschenk. Es ist etwas, das extra für Sie gemacht ist.

Wenn Sie das so sehen, dann können Sie sagen: »Oh, wieder ein Problem, wie schön. Schauen wir mal, wie lösen wir das jetzt wieder.«

Ich bin manchmal sogar so übermütig, dass ich dem Leben sage: »Du, was ist los? In den letzten paar Tagen war überhaupt kein Problem mehr da. Traust du mir nichts mehr zu?« Ich sage auch manchmal: »Leben, so musst du nun auch nicht übertreiben. Es genügt, danke. Es reicht jetzt.«

Machen Sie sich bewusst: **Negatives Denken ist eine Krankheit.** Zu erkennen, dass alles ein Geschenk ist, alles für Sie da ist, das lässt Sie in heiterer Gelassenheit durchs Leben gehen. In heiterer Gelassenheit lösen Sie alle Probleme, ganz gleich was passiert.

Probieren wir es gleich einmal aus:

Stellen Sie sich eine angenehme Situation vor, die Sie einmal erlebt haben oder die Sie gerne erlebt hätten. Gehen Sie ganz in diese Vorstellung hinein und erfüllen Sie sich mit dieser Freude, mit dieser Leichtigkeit. Spüren Sie, wie Sie sich dabei fühlen, so locker und so gelöst. Ein wunderbares Wohlgefühl durchströmt Ihren Körper. Sie sind so richtig eins mit sich und dem Leben. Bleiben Sie in dieser Energie. Halten Sie diese Energie ganz lebendig und gehen Sie jetzt einmal in die Vorstellung einer ganz schwierigen Situation. Aber bewahren Sie dabei Ihre Lockerheit, Ihren Humor und Ihre Gelassenheit. Dann werden Sie merken, Ihre Gelassenheit ist überhaupt nicht abhängig von dieser Situation.

Es ist Ihre Entscheidung. Sie können wählen. Ich stehe jeden Morgen vor der Entscheidung, mit welcher Laune ich heute durch den Tag gehen will. Raten Sie einmal, wie ich mich entscheide. Ich entscheide mich immer gleich: Ich wähle, dass ich mich am Leben erfreuen will, ganz gleich was passiert, und das tue ich dann auch.

Mentale Krankmacher

Leider gibt es im Bewusstsein viele mentale Krankmacher:

Die Vorstellung zum Beispiel, dass man von jedem Menschen in seiner Umgebung akzeptiert und geliebt werden müsse. Wieso? Je profilierter Sie als Persönlichkeit werden, desto mehr Menschen lehnen Sie ab; andererseits: desto mehr Menschen mögen Sie auch. Ich würde sehr aufmerksam werden, wenn mich auf einmal alle mögen würden. Dann würde ich sagen: »Moment, jetzt mache ich wahrscheinlich irgendetwas falsch.« Denn wenn mich alle mögen, dann sage ich ja nichts mehr, was die anderen zu einer Veränderung auffordert. Dann rede ich ihnen nach dem Mund. Das kann nicht gut sein.

Wenn der Briefträger Sie nicht mehr grüßt, wenn Sie aus dem Verein ausgeschlossen werden, wenn die Nachbarn die Köpfe schütteln, dann sind Sie wahrscheinlich auf dem richtigen Weg. Ja, **dann haben Sie Ihren eigenen Weg gefunden.** Wer jedermanns Liebling sein will, ist bald niemandes Liebling mehr.

Es geht nicht nur um Gesundheit. Wir müssen überhaupt lernen, mit dem Leben zurechtzukommen. Denn tun wir das nicht, zwingen wir das Leben, uns andere Lebenslehrer zu schicken. Ihre Namen sind: Ärger, Angst, Stress, Fehler, Schuldgefühle, Abhängigkeit, Schmerz, Krankheit, Übergewicht, Schicksalsschlag, Krise oder Tod, um nur die wichtigsten zu nennen. Hat man diese Lehrer erst einmal eingeladen, wird man sie nur sehr schwer wieder los.

Der erste Schritt, um sie loszuwerden, ist zu erkennen, dass es Lehrer sind. Ihre Botschaft zu verstehen und zu befolgen. Sie könnten heute Abend den nächsten Schritt tun und beschließen, sich ab jetzt nicht mehr zu ärgern. Wie man das macht? Das ist ganz einfach.

Sie brauchen nur zu erkennen, dass niemand auf der Welt die Macht hat, Sie zu ärgern. Sie sagen ja auch: »*Ich habe mich über ihn geärgert.*« *Sie* haben es gemacht, nicht der andere. Der hat irgendwas gemacht, und *Sie* können sich nun freuen oder ärgern oder es kann Ihnen egal sein. Das heißt also, Sie geben niemandem mehr die Macht, Sie zu ärgern.

Sie sagen vielleicht: »Es gibt Situationen, da muss man sich einfach ärgern.« Ich erzähle dazu gerne das folgende Beispiel. Sie fahren auf der Hauptstraße, schön auf der rechten Straßenseite und mit 50 km/h. Die Sonne scheint. Sie sind glücklich, gut gelaunt und fühlen sich rundum wohl. Auf einmal kommt da von links einer, passt nicht auf und nimmt Ihnen die Vorfahrt. Sie müssen eine Notbremsung machen und können gerade noch einen Unfall vermeiden. Der andere fährt einfach weiter und kümmert sich überhaupt nicht darum. Sie stehen da quer auf der Straße mit flatternden Nerven und rufen ihm irgendetwas nach, vermutlich: »Gott segne dich« oder so etwas. Vielleicht formulieren Sie Ihre Wünsche auch ein bisschen kräftiger, und möglicherweise ärgern Sie sich. Wenn Sie sich beruhigt haben, könnten Sie rechts ranfahren, eine kleine Pause machen und die gleiche Situation in der Vorstellung noch einmal erleben. Stellen Sie sich noch einmal vor, was eben passiert ist. Sie fahren auf der Straße, und wieder kommt der andere, und wieder bremsen Sie, und wieder geht es gerade noch gut. Aber jetzt ändern Sie Ihre Reaktion. Die Situation können Sie ja nicht ändern, aber Ihre Reaktion. Sie klopfen sich auf die Schulter und sagen: »Donnerwetter. Damit musste ich doch nicht rechnen, und ich habe trotzdem schnell und richtig reagiert. Habe einen Unfall vermieden. Habe Ärger mit der Versicherung und mit der Werkstatt vermieden, vielleicht sogar schwere Verletzungen, Krankenhaus und Operation. Alles das, weil ich schnell und richtig reagiert habe. Welch ein Glück für mich und für den anderen.« Dann können Sie noch ein paar Stunden gut gelaunt sein, weil Sie so schnell und richtig reagiert und einen Unfall vermieden haben.

Dieses Szenario ist mit Sicherheit genauso berechtigt wie das andere, und es ist sehr viel hilfreicher. Es tut Ihnen gut. Das sollten Sie bedenken, wenn Sie in Zukunft in eine solche Situation kommen.

Probleme wollen immer Ihre Lehrer sein. Wenn Sie zum Beispiel eine Depression haben, dann sagt die Depression vielleicht: »Hier sind all die unerledigten Dinge, um die du dich bisher gedrückt hast. Mach dich endlich ran.« Oder wenn Sie abnehmen wollen, dann sagt das Übergewicht: »Hier ist die Energie gespeichert, die du brauchen wirst, um das alles zu erledigen.« Wenn Sie die Botschaft erkannt haben, können Sie den Lehrer entlassen.

Oder nehmen wir das Beispiel Fehler. Wenn Sie heute noch nicht mindestens zehn Fehler gemacht haben, dann haben Sie es bloß nicht bemerkt. Wenn Sie es nicht bemerkt haben, dann haben Sie auch die Chance darin nicht erkannt und genutzt. Dann wird vom Leben die Lektion geduldig wiederholt, bis Sie endlich verstanden haben, um was es geht, und Ihre Aufgaben machen.

Das heißt: Situationen zu vermeiden, in denen man Fehler machen könnte, ist vielleicht der größte Fehler. Ein Fehler wäre es natürlich zu versuchen, bei der Heilung den alten Zustand wieder herzustellen. Denn der war es ja gerade, der die Krankheit notwendig gemacht hat. Wir müssen also einen Schritt vorwärts tun. Wo ist vorwärts? Vorwärts heißt immer zu uns selbst. Uns selbst näher kommen.

Machen wir uns bewusst, dass jede Therapie sich immer nur mit den Eindrücken und Verhaltensweisen des Egos befasst, um diese durch bessere Verhaltensweisen zu ersetzen. Wirkliche Heilung aber bedeutet, vom Ego-Bewusstsein zum wahren Selbst-Bewusstsein zu kommen. Nur einer, der diesen Weg bereits gegangen ist, kann einen anderen dorthin führen. Nur ein Heiler kann heilen. Das Selbst des Menschen ist weder krank noch muss es geheilt oder verändert werden. Es *ist*.

Es geht also nicht darum, im Leben eine bessere Rolle zu spielen, sondern aufzuhören eine Rolle zu spielen. Sich an sich selbst zu erinnern und anzufangen zu sein. Denn solange ich im Leben noch eine Rolle spiele, spiele ich noch keine Rolle (kommt es nicht auf mich an). Erst wenn ich keine Rolle mehr spiele, dann spiele ich wirklich eine Rolle. Dann bin ich zu mir selbst erwacht.

Ein erfolgreiches Leben

Die meisten Menschen sterben, ohne je gelebt zu haben. Wenn wir geboren werden, sind wir zunächst in der Rolle des Opfers. Wir sind auf die Mutter, auf die Umwelt, angewiesen. Aber irgendwann sollten wir die Opferhaltung loslassen, erwachsen werden und uns als Schöpfer erkennen. Die Verantwortung für unser Leben übernehmen und unsere Lebensumstände bewusst bestimmen.

In der Wüste war seit Jahrmillionen ein Schatz verborgen, das Erdöl. Aber die Menschen in der Wüste waren arm. Erst als dieser Schatz ent-deckt und gefördert wurde, wurde der verborgene Reichtum auch im Außen sichtbar. So wartet in jedem Menschen sein innerer Reichtum auf

Förderung. Wenn wir ihn ent-decken, tritt er als Wohlstand und Lebenserfolg in Erscheinung. **Denn zur Heilung des ganzen Menschen gehört auch Erfolg.** Bei allem, was wir tun, wollen wir ja erfolgreich sein.

Das heißt also, wir sollten lernen, wie man erfolgreich ist. Der Weg dorthin ist auch ganz einfach. Man kann ihn in einem Satz beschreiben. Hören Sie einfach nicht vorher auf. Setzen Sie sich ein Ziel, und gehen Sie so lange weiter, bis Sie am Ziel sind.

Der Erfolgreiche sagt: »Ich weiß nicht, was morgen sein wird, aber ich weiß, was am Ende sein wird. Am Ende werde ich Erfolg haben.«

Ein chinesisches Sprichwort lautet: »Erfolg zu haben bedeutet einfach nur, einmal mehr aufzustehen, als man hingefallen ist.«

Das ist das ganze Geheimnis. So kommen Sie allmählich von der Person zur Persönlichkeit, je mehr Sie Ihr Gewicht vom Ich zum Selbst verlagern. So erreichen Sie mehr Lebensqualität, entwickeln Humor, erkennen das Leben als Spiel.

Das Leben ist ein Spiel. Schade, dass es manche als Kampf ansehen. Jeder Kampf ist Krampf. Hören Sie auf zu kämpfen. Sie können in diesem Leben nur gewinnen. Sie sind ein Schöpfer. Sie können alles hervorrufen, was immer Sie wollen. Sie können alles in Erscheinung treten lassen.

Fangen Sie an zu träumen. Trauen Sie sich. Trauen Sie sich zu träumen. Machen Sie sich bewusst, was Sie erreichen wollen. Sobald Sie ein klares Ziel vor Augen haben, finden Sie auch einen Weg, es zu erreichen.

Erfolg in Liebe und Partnerschaft

Der schönste Erfolg ist wirkliche Partnerschaft, ein liebevolles Miteinander. Aber wie finden Sie den richtigen Partner, falls Sie ihn nicht schon haben?

Sie finden den richtigen, den idealen Partner, indem Sie selbst ein idealer Partner werden. Nach dem Gesetz der Resonanz ziehen Sie dann den an, der zu Ihnen passt. Das heißt, Sie alle haben in diesem Moment den idealen Partner. Auch wenn Sie mit manchem nicht einverstanden sind. Vielleicht ist er ja auch bei Ihnen nicht mit allem einverstanden.

Es gibt die Geschichte von dem Mann, der reich und berühmt war, Nobelpreisträger, zweiundachtzig, gesund, gut aussehend, und der Reporter fragte ihn: »Darf ich Ihnen eine persönliche Frage stellen? Warum haben Sie nie geheiratet? Sind Sie nie der Richtigen begegnet?« »Doch«, sagte er, »als ich achtunddreißig war, traf ich die ideale Partnerin.« »Und warum haben Sie nicht geheiratet?«, fragte der Reporter. »Ja, mein Pech war, dass sie auch den idealen Partner suchte.«

Das heißt, wenn Sie heute den idealen Partner finden, ohne es selbst zu sein, nützt er Ihnen gar nichts. Sie kommen mit ihm nicht zurecht. Oder er mit Ihnen nicht. Sie brauchen nur diesen einen Schritt zu tun: Werden Sie ein idealer Partner, und im gleichen Augenblick beginnt Ihr jetziger Partner ein »idealerer Partner« zu sein als zuvor.

Fangen Sie an, Ihre Zukunft bewusst zu gestalten. Finden Sie einen Weg, dass wir die Erde ein bisschen besser zurücklassen, als wir sie vorgefunden haben. Zu einem erfüllten Leben gehören auch Gesundheit, Erfolg und ein glückliches Miteinander.

Übung: die Tagesrückschau

Jeden Abend lasse ich den Tag noch einmal vor meinem geistigen Auge Revue passieren und frage mich:

* Was habe ich heute gesagt und getan?
* Was davon war wichtig, was unwichtig?
* Was wollte ich erreichen, und was habe ich erreicht?
* Was war richtig, was war falsch?
* Wie hätte es richtig sein sollen? (Mental umerleben und zu einem »imaginären Erfolgserlebnis« machen.)
* Auch falsche Gefühle und unstimmige innere Bilder müssen korrigiert werden.

Ich versöhne mich dabei mit allen Menschen, mit denen ich derzeit nicht in Harmonie bin. Ich versöhne mich vor allem mit mir selbst und nehme mich so an, wie ich derzeit noch bin, aber ich bemühe mich auch zu werden, wie ich sein sollte.

Ich distanziere mich bewusst von allem Negativen, wende mich innerlich ganz dem Positiven zu und bejahe es. **Ich erkenne bewusst, wie viel Grund ich habe, glücklich zu sein, und bin dankbar dafür.**

Vor dem Einschlafen lasse ich bewusst den Tag los, nachdem ich ihn so »bereinigt« habe, und freue mich auf einen neuen Tag.

6. Säule:
Notwendige
Nahrungsergänzungen

Die sechste Säule der Gesundheit sind notwendige Nahrungsergänzungen. Über Jahrtausende hinweg hat die Evolution der Lebewesen ohne Nahrungsergänzungen stattgefunden, und die meisten Substanzen, die heute in einer Multivitamintablette enthalten sind, wurden erst im Laufe des letzten Jahrhunderts chemisch entschlüsselt. Dabei zeigt sich immer deutlicher, dass Vitaminkonzentrationen, die eine Mangelkrankheit verhindern, nicht unbedingt auch ausreichen, um eine optimale Gesundheit zu garantieren.

Ich verstehe Nahrungsergänzungen daher als eine Art Versicherungspolice: Die von mir empfohlenen Tagesmengen sollen eine ausgewogene Ernährung ergänzen; sie bewegen sich innerhalb der Sicherheitsgrenzen und berücksichtigen gleichzeitig, dass eine höhere Dosierung vor Erkrankungen schützen kann, die uns unserer Gesundheit und Vitalität berauben. Im Allgemeinen reicht dazu ein hoch dosiertes Multivitamin- und Multimineralpräparat aus. Wenn bei Ihnen das Risiko für Herzkrankheiten erhöht ist, können Sie zusätzlich B-Vitamine einnehmen, das heißt Folsäure, Vitamin B6 und B12. Wenn Sie merken, dass Ihr Gedächtnis nicht mehr so gut ist wie früher, nehmen Sie täglich ein Ginkgo-Präparat. Bei Gelenkproblemen achten Sie darauf, dass Ihre Mahlzeiten reichlich Omega-3-Fettsäuren enthalten, und ergänzen Sie mit Glukosaminsulfat. Wenn Sie diese konzentrierten Nahrungsergänzungen im Rahmen einer gesunden Lebens- und Ernährungsweise anwenden, können Sie jünger bleiben und länger leben. **Aber vergessen Sie nicht: Nahrungsergänzungen sind kein Ersatz für eine ausgewogene Ernährung!**

Vitamin-Mangelerscheinungen

In den beiden folgenden Tabellen nenne ich Ihnen die möglichen Erkrankungen bei Vitaminmangel und die relativ hoch dosierten empfohlenen Tagesmengen zur Vermeidung dieser Krankheiten und zur optimalen Erhaltung der Gesundheit.

Vitamin	Mangelerscheinung
B1 (Thiamin)	Müdigkeit, Gewichtsverlust, Muskelschwäche, Herz-Kreislauf-Versagen, psychische Veränderungen, nervöse Störungen
B2 (Riboflavin)	Entzündliche Veränderungen der Schleimhäute, Sehstörungen, nervöse Störungen
Niacin	Hautveränderung, Durchfälle, Erkrankungen des Nervensystems
B6 (Pyridoxin)	Schwäche, Schmerzen im Bereich der Nerven, Anämie (verringerte Anzahl weißer Blutkörperchen)

Vitamin	Mangelerscheinung
Folsäure	Anämie, Müdigkeit, neurologische Veränderungen, Verdauungsstörungen
B12 (Cobalamin)	Anämie, Müdigkeit, nervöse Störungen
Biotin	Hauterkrankungen, Herzerkrankungen, Müdigkeit, Anämie
Pantothensäure	Müdigkeit, Verdauungsstörungen, nervöse Störungen
C (Ascorbinsäure)	Schlechte Wundheilung, Blutungen, Anämie
A (Retinol)	Hauterkrankungen, Nachtblindheit, Störungen der Knochenbildung
Carotinoide (Betacarotin)	Erhöhtes Risiko von Herz-Kreislauf-Erkrankungen und Krebs
D (Chole-, Ergocalciferol)	Schlechter Knochenbau (Mineralisationsstörungen des Skelettsystems)
E (Alpha-, Beta-, Gammatocopherol	Störungen des Nervensystems, der Blutbildung und des Reproduktionssystems
K (Phyllo-, Menachinon)	Verlängerte Blutgerinnungszeit, Blutungen

Empfohlene Tagesdosis

Nahrungsergänzung: Vitamine	Meine Empfehlung	Gegenüber der empfohlenen Tagesdosis (in %)
B1 (Thiamin)	7,5 mg	500
B2 (Riboflavin)	8,5 mg	500
Niacin (Niacinamid)	100 mg	500

Nahrungsergänzung: Vitamine	Meine Empfehlung	Gegenüber der empfohlenen Tagesdosis (in %)
B6 (Pyridoxin)	30 mg	500
Folsäure	400 µg	100
B12 (Cobalamin)	300 µg	500
Biotin	300 µg	100
Pantothensäure	50 mg	500
C (Ascorbinsäure)	500 mg	800
A (Retinol, Betacarotin)	10 000 I.E. (½ Retinol, ½ Betacarotin)	200
D (Calciferol)	400 I.E.	100
E (Tocophol)	400 I.E.	1300

Nahrungsergänzung: wichtige Mineralien	Meine Empfehlung	Gegenüber der empfohlenen Tagesdosis (in %)
Kalzium	1000–1500 mg	100
Magnesium	400 mg	100
Jod	150 µg	100
Zink	15 mg	100
Selen	200 mg	285
Kupfer	2 mg	100
Mangan	2 mg	100
Chrom	125 µg	100
Molybdän	83 µg	100
Bor	1 mg	noch nicht benannt

Siegesstoffe Aminosäuren

Aminosäuren sind die Bausteine des Lebens. Wir bilden sie teils im Körper, teils nehmen wir sie mit der täglichen Nahrung auf.

Aminosäuren als Nährstoffe und Heilmittel entscheiden unmittelbar über unser Wohlbefinden, über Kreativität, Fitness und ein gut funktionierendes Immunsystem. Unsere innere Klangfarbe ist dumpf, wenn wir zu viel Fett mit dem Essen aufnehmen. Sie wird hell, wenn wir die Faustformel »mehr Eiweiß, weniger Fett« beherzigen. So bringen Körper und Geist ihre Höchstleistung, und unser Immunsystem bleibt intakt.

Mit minderwertigen Biobausteinen geht das nicht. Die optimale Energie unseres Körpers, unsere Spannkraft, Ausdauer, Konzentrationsfähigkeit, Kreativität und schöpferischen Fähigkeiten, können wir mithilfe der richtigen Auswahl unserer täglichen Nahrung selbst bestimmen. So können wir den Spiegel für bestimmte Aminosäuren anheben und uns somit selbst beeinflussen. Essen Sie sich glücklich, optimistisch, heiter, klar denkend, ausdauernd – kurz: Essen Sie sich erfolgreich!

Die Aminosäure Phenylalanin etwa lässt Optimismus aufflammen. Sie lodert hell auf und verbrennt unsere Missstimmung, wenn quälende Gedanken uns heimsuchen. Tryptophan bläst Kummer und Sorgen davon und beschert uns gute Laune. Lysin und Arginin bringen jugendlichen Elan und immer währende Dynamik.

Wer möchte das nicht? Auch wir streben nach jugendlicher Frische und voller Lebenskraft. Dazu brauchen wir eine Mindestmenge an Aminosäuren im Blut. Haben Sie

»Normalwerte«, dann fühlen Sie sich nicht schlecht. Wenn wir Siegerwerte erreichen wollen, brauchen wir mehr.

Freie Radikale

Zellen könnten unendlich lange leben, wenn sie sich in einem optimalen Milieu befinden. Sie müssen sich aber selbst ersetzen, wenn sie durch *freie Radikale* geschädigt wurden. Je öfter dies passiert, desto kürzer ist die Lebensspanne der Zelle und umso höher das Risiko von degenerativen Erscheinungen.

Wie lange wir leben und wie gesund wir dabei bleiben, hängt sehr stark davon ab, in welchem Ausmaß unser Körper durch freie Radikale geschädigt wird. Freie Radikale sind die Ursache vieler Krankheiten und des Alterungsprozesses.

Älter werden bei voller Gesundheit liegt daher in unserer Hand. Der Verschleißprozess, den wir Altern nennen, beginnt in der Zelle. Werden Zellschäden nicht rechtzeitig repariert, überträgt sich der Schaden durch Zellteilung auf Tochter- und Enkelzellen.

Was ist ein freies Radikal?

Ein freies Radikal ist, wie bereits weiter vorne erklärt, ein Molekül, das eins von seinen elektrisch geladenen Elektronen verloren hat. Um sein Gleichgewicht wieder herzustellen, holt es sich ein Elektron von einem anderen Molekül und löst damit ein molekulares Chaos aus, denn nun versucht das geschädigte Molekül seinerseits irgendwo ein Elektron zu stehlen und macht damit dieses zu einem freien Radikal. Freie Radikale sind also Stoffwechselterroristen, molekulare Raubritter.

Freie Radikale haben sich heute durch eine Vielzahl von Ursachen vervielfacht (Stress, Ärger, Smog, Umweltgifte usw.) während gleichzeitig das Angebot an Antioxidanzien durch ausgelaugte und überdüngte Böden, weniger natürliche Nahrung, geringere Mengen usw. drastisch gesunken ist.

Da auch die Erbsubstanz von den Schädigungen durch freie Radikale nicht verschont bleibt, müssen Reparaturenzyme ständig geschädigte Bruchstücke aus dem Erbmaterial herausschneiden und durch intakte ersetzen. Hierfür sind allerdings geeignete Nährstoffe erforderlich, die durch unsere Zivilisationskost nicht immer zur Verfügung stehen.

Auch die gestörte Ozonschicht bewirkt, dass mehr UV-Licht zur Erde gelangt, wodurch Früchte einen großen Teil ihrer Vitamine selbst verbrauchen, um die freien Radikale abzufangen.

Antioxidanzien

Antioxidanzien sind Atome oder Moleküle, die ein Elektron abgeben können, ohne selbst instabil zu werden, aber sie werden durch diesen Vorgang »verbraucht« und müssen ständig ersetzt werden. Wir brauchen also immer beträchtliche Mengen an Antioxidanzien, um das Altern und Krankwerden zu verzögern oder ganz zu vermeiden.

Fängt Vitamin E ein freies Radikal ab, kann es durch

Coenzym Q10 regeneriert werden und erneut auf Radikalenfang gehen. Das Coenzym Q10 wiederum wird von Vitamin C und dieses von Selen-Enzymen regeneriert.

Indem wir dem Körper ausreichend Antioxidanzien zur Verfügung stellen, können wir vieles an Krankheiten und Alterung vermeiden, was bisher noch als unumgänglich hingenommen wird.

Im Bier (Gerstensaft!) ist ein einmaliges Antioxidanz enthalten, ein Isoflavonoid mit dem unaussprechlichen Namen Glykosyl-Isovitexin, das die Peroxydbildung in den Zellen und damit vorzeitige Alterungs- und Degenerationserscheinungen vermindert.

Es ist deshalb so wirksam, weil es sowohl fettlöslich als auch wasserlöslich ist und damit beide Zellmembranen durchdringen kann und so im Zellkern die Schädigungen durch freie Radikale verhindert.

In diesem Zusammenhang ist noch wichtig zu erkennen, dass hohe Dosen Vitamin C zwar zu einem großen Teil ausgeschieden werden, aber dabei doch im Darm ihre vor Radikalen schützende Wirkung entfalten.

Wenn Antioxidanzien in ausreichendem Maß vorhanden sind, erfahren unsere Zellen weniger Schäden und müssen weniger oft erneuert werden. Damit steht die Energie, die sonst dafür verbraucht worden wäre, anderweitig zur Verfügung, was wir als Energieschub erleben.

Altern ist daher eher eine Krankheit. Die Lebensdauer eines Menschen spiegelt einfach das Ausmaß der Schäden durch freie Radikale wieder, die sich in den Zellen akkumulieren. Wird der Schaden zu hoch, kann die Zelle nicht mehr weiterleben und gibt einfach auf.

Sehen Sie, wie es Menschen ergeht, die Antioxidanzien einnehmen:

Die Einnahme von Vitamin C und Vitamin E reduzierte bei zehntausend Leuten im Alter zwischen 76 und 105 Jahren das Todesfallrisiko bei allen Ursachen um die Hälfte. Außerdem gab es bei den Konsumenten der Vitamintabletten nur ein Drittel so viel Todesfälle durch Herzerkrankungen wie bei älteren Menschen, die keine Vitamine einnahmen.

Um länger bei guter Gesundheit zu leben, brauchen wir den zusätzlichen Schub an Antioxidanzien, also auch Megadosen von Vitaminen und Mineralien.

- Freie Radikale beschädigen die Zellen und verursachen so den Prozess des Alterns.
- Antioxidanzien blocken den Schaden, den freie Radikale anrichten, ab.
- Auf diese Weise helfen Antioxidanzien, den Prozess des Alterns zu verhindern.

Damit ist alles Weitere klar und deutlich:

- Finden Sie die Antioxidanzien.
- Nutzen Sie sie.
- Beenden Sie den Prozess des Alterns.
- Bleiben Sie jung und leben Sie länger.

Die wichtigsten Antioxidanzien

- Betacarotin
- Coenzym Q10
- grüner Tee
- Glutathion
- Knoblauch

- Magnesium
- Melatonin
- Microhydrin
- OPC (Traubenkernextrakt)
- reduzierte Kalorienaufnahme
- Rotwein
- Sojaprodukte
- schwarzer Tee
- Vitamin C
- Vitamin E

Vitamin C

Durch einen genetischen Defekt hat der Mensch keine Möglichkeit, *Vitamin C* im Körper selbst herzustellen. Alle Säugetiere bis auf wenige Ausnahmen, zu denen wir leider gehören, produzieren im oberen Ende ihres Dünndarms ihr Vitamin C selbst. Sie brauchen es nicht durch die Nahrung zu sich zu nehmen. Uns Menschen fehlt ein Enzym, das dazu in der Lage wäre. Mangel an Vitamin C führt aber in jedem Fall zur Krankheit, und absoluter Mangel führt sogar zum Tod.

Wir wissen das aus der leidvollen Geschichte der Seefahrt. Da gab es den Skorbut, die Seefahrerkrankheit. Skorbut ist nichts anderes als Mangel an Vitamin C.

Wenn Sie ab heute eine »Vitamin-C-freie-Diät« machen, dann sind die kleinen Vitamin-C-Depots Ihres Körpers in wenigen Wochen aufgebraucht. In sechs bis acht Wochen stellen sich die ersten Symptome ein: kleine Aderrisse. Der Körper beginnt so innerlich zu verbluten. Die Zähne fallen Ihnen unter fürchterlichen Schmerzen aus. Sie bekommen Geschwüre. Es dauert ein paar Wochen, bis Sie unter schrecklichen Schmerzen gestorben sind.

Auf den Schiffen lebte man im Mittelalter von Schiffszwieback und Gepökeltem, und es gab keinerlei Vitamin-C-haltiges Obst oder Gemüse. Irgendwann hat ein englischer Schiffsarzt entdeckt, dass eine einfache Maßnahme Skorbut verhindert: täglich eine Zitrone oder Zitronensaft. Also nahm man Zitronensaft als Nahrungsergänzung mit. Das hat sehr dazu beigetragen, aus England eine große Seemacht zu machen.

Es hat fast 200 Jahre gedauert, bis diese Erkenntnis zum Allgemeingut wurde: Jeden Tag ein wenig Zitronensaft pro Matrose, und Skorbut war als Seemannskrankheit nicht mehr existent.

Doch Skorbut ist nur die Spitze des Eisbergs. Viele Menschen leiden an Vitamin-C-Mangel. Durch die entstehenden kleinen Aderrisse dringt Blut in den Körper ein. Wenn es ganz wenig ist, kann der Körper es aufnehmen, und er macht nun – bedingt durch die evolutionäre Anpassung der Jahrtausende – etwas ganz Vernünftiges: Wenn er kein Vitamin C bekommt, nimmt er einen körpereigenen Baustoff und dichtet die Adern ab. **Dieser körpereigene Baustoff, der genügend zur Verfügung steht, heißt Cholesterin.** Es ist eine wachsartige Substanz, wodurch die Risse in den Adern »zugeklebt« werden. Und je mehr Risse entstehen, desto mehr muss er zuschmieren.

Das hat logischerweise auch einen negativen Effekt: Eine junge Ader ist frei, hat einen normalen Durchmesser. Wenn sie an immer mehr Stellen zugeschmiert wird, verengt sie sich natürlich.

Jetzt macht der Körper wieder etwas Vernünftiges: Er erhöht den Blutdruck, damit noch genügend Blut durch die engen Adern fließt. Bei älteren Menschen sprechen wir dann von Altersbluthochdruck. Aber das hat mit dem Alter wenig zu tun. Es sind meist die Folgen der Jugendsünden.

Was macht der Arzt? Er gibt Ihnen blutdrucksenkende Mittel. Der Körper sagt dann: »Ja spinnst du? Ich muss doch das Blut mit mehr Druck durch die Adern pumpen, sonst bricht die Versorgung zusammen.« Also wird er trotz dieser blutdrucksenkenden Mittel versuchen, den Blutdruck weiterhin hoch zu halten, damit Sie versorgt werden.

Jetzt kommt es zur Katastrophe: Dieser erhöhte Druck auf den brüchigen Adern führt dazu, dass mehr Cholesterin zum Abdichten der Wände gebraucht wird. Das verengt die Adern natürlich noch mehr, also muss der Körper den Blutdruck immer mehr erhöhen. Irgendwann kommt ein kleines Blutgerinnsel, und dann ist die Ader ganz zu: Feierabend – Herzinfarkt, Gehirnschlag.

Das war überhaupt nicht nötig. Und selbst wenn es schon weit gekommen ist, können Sie immer noch Vitamin C nehmen und den Körper entsäuern, um die Schlacken wieder abzubauen. In ein bis zwei Jahren sind Ihre Adern wieder elastisch und jugendlich wie zu ihren besten Zeiten. Sie brauchen dem Körper nur das Baumaterial zu geben, was er dazu braucht. Alles andere macht er selbst.

Traubenkernextrakt OPC

Heute könnte man sagen:»Wer Vitamin C sagt, muss auch OPC sagen.« *OPC* ist ein natürlicher Wirkstoff in der roten Traube, der diesen antioxidativen Effekt von Vitamin C verstärkt. Es gehört zu den stärksten Antioxidanzien und hilft wie Vitamin C, die Adern frei zu halten. In Kombination mit OPC sind sehr hohe Dosierungen von Vitamin C (wie Linus Pauling sie noch empfohlen hat) nicht mehr nötig.

OPC ist eine Mischung aus bestimmten oligomeren Procyaniden, daher der Name. Es ist in den USA patentiert und hat eine ganze Reihe von lebenswichtigen Funktionen.

Es ist selbst ein hoch wirksames Antioxidanz und vervielfacht die Wirkung von Vitamin C. Es reduziert Entzündungen, verbessert die Blutzirkulation und fördert die Beweglichkeit des Körpers durch seine Fähigkeit, sich an Kollagen zu binden. Es hat dadurch einen Verjüngungseffekt und wirkt wie ein »orales Kosmetikum«. Es schützt Vitamin C davor, zu Dehydroascorbat zu oxydieren. Es verhindert Histaminbildung. Es stärkt die Kapillargefäße, Arterien und Venen und verbessert die Beweglichkeit der Gelenke. Es ist nicht toxisch und hat keinerlei schädliche Nebenwirkungen.

OPC ist eine Stunde nach der Einnahme im ganzen Körper nachweisbar. In Nahrungsmitteln wird OPC durch Lagerung und Verarbeitung oft zerstört. Zum Fangen freier Radikale ist es 20-mal wirksamer als Vitamin C. Es löste das Geheimnis, warum Franzosen trotz eigentlich eher ungesunder Lebensweise eine relativ hohe Lebenserwartung haben. Denn im Rotwein, der in Frankreich regelmäßig getrunken wird, ist OPC in hohem Maße enthalten, nicht dagegen im Weißwein. Das kommt daher, dass nur der Rotwein mit Stielen und Kernen vergoren wird, und in dieser Phase gelangt das OPC in den Rotwein.

OPC regeneriert Vitamin C, das sich beim Radikalenfang »verbraucht« hat, und Vitamin C regeneriert Vitamin E, das sich ebenfalls dabei verbraucht hat, sodass eine geringe Menge ausreicht, um eine große Wirkung zu erzielen. OPC verhindert, dass sich Blutplättchen zusammenkleben oder dass sie sich an Arterienwände anhängen. Die Stärke und Unversehrtheit unserer Kapillargefäße ist ein Hauptfaktor der Gesundheit. Ein Mensch ist so alt wie seine Gefäße, und hier kann OPC entscheidend vorbeugen.

Auch bei Krampfadern kann es eine große Hilfe sein. Es beseitigt ebenfalls Ödeme und Schwellungen und verzögert die Alterung der Haut. OPC ist auch ein exzellenter Sonnenschutz, indem es die Wirkung der durch Sonnenstrahlen freigesetzten freien Radikale verhindert. Es verbessert deutlich die Gehirnfunktionen, hilft bei Heuschnupfen und Stress. Es optimiert die Sehkraft und ist besonders für Raucher unverzichtbar, weil das Rauchen die freien Radikale vervielfacht.

Anfangs ist es sinnvoll, 60 bis 100 mg OPC täglich zu nehmen. Die Erhaltungsdosis beträgt 30 mg. Es bleibt 72 Stunden im Körper, sodass die ganze Dosis einmal täglich zu einer Mahlzeit genommen werden kann.

Coenzym Q10

Die Energiegewinnung aus Sauerstoff in den Zellen wird durch *Q10* gesteuert und ist unmittelbar von der Konzentration an Q10 abhängig. Praktisch jeder Mensch über vierzig leidet meist unbemerkt an einem Q10-Mangel, und es muss ständig zugeführt werden. Die Tagesdosis beträgt 30 bis 100 mg. Schäden durch Überdosierung sind nicht bekannt.

Die regelmäßige Einnahme von Q10 verringert oder beseitigt eine große Zahl von Gesundheitsproblemen. Vor allem aber verhindert Q10, dass es überhaupt dazu kommt, dass der Körper Ihnen eine schmerzhafte Botschaft schicken muss. Es trägt, wie kaum ein anderer Wirkstoff, zur Verbesserung der Lebensqualität bei. Es wirkt heilend und vorbeugend, vor allem in den Zellen. Q10 ist ein wirkungsvolles Antioxidanz und kann das bioenergetische Defizit der Zellen beheben und damit zu einer deutlichen Steigerung der Herzfunktion führen.

Die regelmäßige Einnahme von Q10 ist daher besonders im Alter sehr zu empfehlen. Eine wesentliche Rolle dabei spielt der membranstabilisierende Effekt von Q10. Es ist ein lebenswichtiger Bestandteil der Muskeln, insbesondere des Herzmuskels. Ohne Q10 gibt es keine Energiebildung und damit kein Leben. Ab vierzig nimmt die Eigensynthese von Q10 im Körper kontinuierlich ab, und es muss regelmäßig zugeführt werden. Besonders bei Diabetes wird viel Q10 verbraucht, sodass die Mehrzahl der Diabetiker einen Q10-Mangel aufweist.

Ebenso haben Übergewichtige meist einen starken Q10-Mangel, und sie verlieren ohne Nahrungsumstellung deutlich an Gewicht, wenn der Q10-Spiegel normalisiert wird. Auch ein starkes Immunsystem ist ohne Q10 nicht denkbar. Den oxidativen Stress zu mindern heißt auch, deutlich länger zu leben und vor allem gesund zu bleiben. Ist genügend Q10 im Körper vorhanden, reichert es sich dort an, wo Schwierigkeiten und Belastungen auftreten, und bildet so eine starke Abwehr. Je größer der Q10-Mangel war, desto schneller und deutlicher wird die Besserung sichtbar, die dadurch erreicht wird. Jede Krankheit ist letztlich eine Störung der Bioenergie, und hier wird Q10 aktiv, und so ist bei fast jeder Krankheit durch die Einnahme von Q10 eine Verbesserung zu erreichen. Nicht nur ältere Menschen sollten Q10 regelmäßig nehmen, auch Sportler profitieren von der deutlichen Energiesteigerung.

Die speziellen Wirkungen von Q10 sind:
Zellenergie, Zellschutz und die Steigerung der Zellfunktionsfähigkeit.

Die Ursachen für Q10-Mangel sind vor allem:
freie Radikale, Stress, Diäten, das Alter, Krankheit, falsche Ernährung, starke körperliche Belastung durch Sport usw.

Q10 hilft besonders bei:
Herzerkrankungen, Arteriosklerose, Bluthochdruck, Diabetes, Übergewicht, Nervenleiden, Schlaganfall, Depressionen, Wundheilung, Neurodermitis, Psoriasis, Rheuma und bei vielen anderen Leiden.

Melatonin: ein Wunderhormon?

Melatonin kann eine ganze Reihe von Krankheiten verhindern oder doch deutlich abschwächen, wie zum Beispiel Krebs, Alzheimer, Arthritis, Parkinson und Magengeschwüre.

Es bietet einen zusätzlichen Schutz gegen Viren, Bakterien und Parasiten aller Art und verzögert das Altern. Es trägt vor allem dazu bei, die nächtliche Erholungs- und Reparaturphase des Körpers zu optimieren. Es ist ein Antioxidanz und hilft, hohen Blutdruck und einen zu hohen Cholesterinspiegel zu senken.

Es hat sich gezeigt, dass die Melatoninproduktion des Körpers steigt, wenn man vor dem Schlafengehen ein Gramm Tryptophan einnimmt. Melatonin wird in der Zirbeldrüse produziert und ist eines der wichtigsten Hormone für Gesundheit und ein langes Leben. Melatonin ist deshalb so wichtig, weil es alle körpereigenen Hormone steuert und für einen ausgeglichenen Hormonhaushalt sorgt.

Es ist ein Teufelskreis: Je älter wir werden, desto weniger Melatonin produziert die Zirbeldrüse, und desto schneller werden wir alt.

Je weniger Melatonin sich in Ihrem Körper befindet, desto schlechter werden die Hormone gesteuert und desto schneller verschlechtert sich Ihr Zustand. Melatonin kann Ihnen eine zweite Jugend schenken. Es kann die Zeiger der biologischen Uhr anhalten oder gar umkehren.

Melatonin schützt vor Krebs erregenden Stoffen in der Umwelt, aber auch vor freiwillig zugeführten, wie Alkohol oder Nikotin. Es ist ein vielseitiges Antioxidanz, es verbessert deutlich den Schlaf, erhöht vor allem die Schlafqualität.

Es verzögert das Auftreten altersbedingter Krankheiten, das Vorkommen von Altersflecken, bringt dem Leben zusätzliche Jahre, aber auch den zusätzlichen Jahren mehr Leben. Es beugt dem grauen Star vor, hemmt die Gewichtszunahme und vor allem die Schwerfälligkeit des Alterns.

Es fördert die Bildung von Knochenmarkzellen und beugt krankhaften Zellveränderungen wirksam vor. Es verringert die Faltenbildung, fördert den Haarwuchs und lindert Menstruationsbeschwerden. Es fördert die Spermienbildung und erhöht die Stärke und Dauer der Erektion. Es schützt das Immunsystem vor dem Altern, verzögert die Menopause der Frau um viele Jahre und bewahrt der Frau die Lust auf Sex.

Es bringt mehr Ruhe, Entspannung und Ausgeglichenheit, lindert Depressionen und mindert Nervenschmerzen. Es verbessert deutlich die Lebensqualität im Alter und macht Zellalterungsprozesse rückgängig, indem es das Wachstumshormon stimuliert.

Es stabilisiert den biologischen Rhythmus und spielt eine bedeutende Rolle bei der Gesunderhaltung des Herzens durch die Stimulierung der Ausschüttung von HGH, einem Wachstumshormon, wodurch die Muskulatur des Herzens gestärkt wird.

Es gelangt direkt zum Zellkern und kann so die DNS innerhalb der Zelle verteidigen, vor allem gegen freie Radikale. Es steuert die Lebensuhr und stellt die Zelluhren zurück.

Mit einem Wort, es ist unverzichtbar!

Ewig jung mit DHEA?

Das Hormon *DHEA* verhindert, dass dem Körper zugeführte Kalorien als Depotfett gespeichert werden. Überschüssige Energie wird als Wärme abgegeben. Es ist daher ein wichtiger Hüter der schlanken Linie.

Darüber hinaus fördert es den gesunden Schlaf und verbessert deutlich das Allgemeinbefinden. Männer reagieren auf täglich 25 mg DHEA mit einer Potenzsteigerung und spüren eine antidepressive Wirkung.

DHEA ist die Abkürzung von Dehydroepiandrosteron und wird in den Nebennieren gebildet. Es ist die Substanz, die bewirkt, dass man morgens munter wird und sich einfach gut fühlt.

DHEA schützt die Gehirnzellen, verbessert das Gedächtnis und verlängert die Lebensdauer. Aber es schneidet auch den Krebszellen die Nahrungszufuhr ab. Es erhält die Vitalität der frühen Jahre. Im Alter sinkt der DHEA-Spiegel, und der Stoffwechsel wird von Aufbau (Anabolismus) auf Abbau (Katabolismus) umprogrammiert. Ein Erhöhen des DHEA-Spiegels kann diesen Vorgang hinauszögern.

DHEA ummantelt die Nerven gegen Stress und verlängert das Leben der Gehirnzellen. Ein niedriger DHEA-Spiegel tritt bei fast jeder schweren Erkrankung auf, und eine Erhöhung beschleunigt die Heilung und verbessert die Stimmung. DHEA wirkt auch als Appetitzügler. Das Gefühl des »Burn out« (Ausgebranntsein) verschwindet, und Sie fühlen sich deutlich besser.

DHEA gibt Ihnen mehr Energie, stärkt das Immunsystem, verbessert die Stimmung, fördert das Gedächtnis und steigert die Libido. Es verringert das Körpergewicht, baut Muskeln auf, führt zu stärkeren Knochen, ist bei Krebs und Autoimmunkrankheiten hilfreich und verzögert deutlich das Altern.

Weitere wichtige Nahrungsergänzungen

Chrom

Chrom kurbelt die Immuntätigkeit an und kann Symptome des Alterns verringern. Es ist praktisch unmöglich, mit der normalen Ernährung genügend Chrom zu bekommen. Chrommangel erhöht die Gefahr, an Diabetes zu erkranken, deutlich.

Ginkgo

Ginkgo beugt Alterserscheinungen aller Art vor, erhöht die Durchblutung des Gehirns, verbessert das Gedächtnis, ist hilfreich bei Schwindel, Depressionen, Kopfschmerzen und Durchblutungsstörungen und einer Vielzahl anderer Beschwerden.

Glutathion

Menschen mit ausreichend Glutathionwerten im Blut haben nur ein Drittel an Belastungen durch Arthritis, hohen Blutdruck, Diabetes, Herzkrankheiten, Magenbeschwerden, Kreislaufprobleme und Entzündungen der Harnwege im Vergleich zu Menschen mit niedrigen Glutathionwerten. Walnüsse, Avocados und Wassermelonen enthalten viel Glutathion.

Magnesium

Ausreichend Magnesium ist für eine dauerhafte Gesundheit unverzichtbar. Ein Mangel verursacht frühzeitige Alterserscheinungen.

Microhydrin

Es ist wohl das ultimative Antioxidanz und wirkt etwa 1000-mal stärker als Vitamin C. Es erhöht die sportliche Leistung und Ausdauer, verlangsamt den Alterungsprozess deutlich und vermindert die damit verbundenen Belastungen.

Selen

Es ist im Orchester der Antioxidanzien unverzichtbar, obwohl es zu den Spurenelementen gehört. Eine natürliche Quelle sind Paranüsse, ungeschält gekaut.

Spirulina

Spirulina-Algen-Tabletten enthalten ein perfektes Aminosäurenangebot, vor allem der essenziellen Aminosäuren, die der Körper nicht selbst herstellen kann. Es ist die beste Quelle für natürliches B12 und ist auch bei Diabetes besonders hilfreich.

Vitamin E

Es ist unverzichtbar für viele Stoffwechselvorgänge im Körper, besonders für das Herz und bei Diabetes.

Zink

Diabetiker haben oft zu niedrige Zinkwerte. Ausreichend Zink optimiert im Körper die Insulinwirkung.

7. Säule:
Bewusst-Sein

Die siebte Säule der Gesundheit ist »Bewusst-Sein«.
Was heißt das? Seien Sie einmal einen Moment *Ihrer selbst*
bewusst. Sagen Sie zu sich selbst: »Ich bin ganz da, wo ich
bin. Ich bin ganz auf meinem Platz, in diesem Augenblick. Ich bin ganz hier.« Jetzt sind Sie ganz präsent.

Wenn Sie vollkommen präsent sind, haben Sie den Tur-
bo eingeschaltet, den Heilungsturbo. Jetzt heilt Ihr Körper in Turbogeschwindigkeit. Wenn Sie dann noch zu Bewusstsein kommen, dann ist Ihre Gesundheit nicht mehr
aufzuhalten.

Die Krisen des Lebens

Wir werden krank, wenn unser Bewusstsein nicht in Harmonie ist. Dann kommen wir in eine *Krise.* Das Leben
sagt uns damit nur: So geht es nicht weiter. Krisen, die
eine Anpassung an veränderte Lebenssituationen verlangen, sind ein wichtiger Teil der Entwicklung eines jeden
Menschen. Wir können darauf nicht verzichten. Schon
unsere Geburt ist eine erste und ernste Krise, die wir
meistern müssen. Manche Weise sagen, wenn wir erst
einmal die Geburt geschafft haben, dann haben wir das

Schlimmste im Leben hinter uns. Offensichtlich haben Sie diese erste Krise gemeistert.

Die Beziehung zwischen Mutter und Kind führt öfter zu kleineren und größeren Krisen. So wie sich bei der Geburt der Körper von der Mutter gelöst hat, so löst sich irgendwann das Bewusstsein aus der Einheit mit der Mutter. Das Ego erwacht. Kleine Kinder können noch nicht »ich« sagen; sie haben noch kein Ego, da ist kein Ich da.

Irgendwann mit zweieinhalb bis dreieinhalb Jahren sagen sie »ich«. Ich habe Hunger. Ich will ein Butterbrot. Ich will spielen. Das Ich ist erwacht. Die Abnabelung von der Mutter ist erfolgt. Die geistig-seelische Trennung von ihr ist vollzogen. Das Ich hat begonnen, Besitz zu ergreifen. Das Kind ist damit ein selbstständiges Individuum geworden. Das selbstständige Denken hat begonnen.

Erst ab dann sind Erinnerungen möglich. Wenn Sie einmal zurückdenken: Ihre Erinnerung reicht meist nur bis zum Alter von etwa drei Jahren, weiter zurück geht es nicht. Da war noch kein Ich. Sie waren noch eingebunden in das Wir. Das Ich hat eigene Bedürfnisse, die es danach oft sehr eigenwillig zum Ausdruck bringt. Deswegen nennt man diese Phase auch das Trotzalter. Es ist eine recht krisenhafte Zeit.

Später kommt dann die Konfrontation mit den Anforderungen der Außenwelt, das Einfügen in die Gemeinschaft im Kindergarten. Auch das ist für viele Kinder eine Krise: das Stillsitzen in der Schule, das Aufpassenmüssen. Jetzt werden wir andauernd mit neuen Aufgaben und Herausforderungen konfrontiert. Kaum kommen wir einigermaßen damit zurecht, kommen wir in eine noch schwierigere Krise: die Pubertät.

Der Körper erwacht. Meldet eigene Bedürfnisse an, und gleichzeitig signalisiert uns die Umwelt, dass diese Wünsche gar nicht gern gesehen werden. Das stürzt den Menschen in einen fast unlösbaren Konflikt, in dem er meist auch noch allein gelassen wird. Jetzt erwacht das starke Verlangen nach Gemeinschaft mit den anderen. Der junge Mensch nimmt vieles auf sich, nur um dazuzugehören. Das Schlimmste, was ihm in dieser Zeit passieren kann, ist, ausgeschlossen zu werden.

So kleidet man sich, wie die anderen sich kleiden. Man spricht so, wie die anderen sprechen. Man versucht sich anzupassen. Kaum haben wir das gemeistert, stehen wir vor der Frage der Ablösung vom Elternhaus. Wir werden immer selbstständiger. Wir wollen eine eigene Wohnung und unseren eigenen Weg gehen. Dann kommt die eigentliche Berufswahl, die erste Berufsbewährung.

Dem Wechsel ins Berufsleben folgt bald ein Rollenwechsel beim Gründen einer eigenen Familie, die Verpflichtung den eigenen Kindern gegenüber. Dem Wechsel des Arbeitsplatzes folgt ein Umzug mit der Trennung von dem bisherigen Bekanntenkreis und von den Freunden.

Kaum kommen wir damit klar, befinden wir uns unversehens in einer anderen Krise, der Midlife-Krise, wie man sagt, der Krise der Lebensmitte. Wir stehen plötzlich zwischen Jugend und Alter. Möchten uns für die Jugend entscheiden, die wir doch kaum erlebt und genossen haben. Aber die Jugend vergeht und das Alter rückt näher.

Für viele wird diese Krise zur Dauerkrise, und die kann erst beendet werden, wenn wir ganz »erwachsen« geworden sind. Werden wir rechtzeitig erwachsen, kommt es gar nicht erst zu dieser Krise. Viele aber werden nie ganz erwachsen, sie werden bloß alt. Mit zunehmendem Alter werden die Ansprüche immer größer und die Möglichkeiten immer kleiner. Das führt wieder zu neuen Schwierigkeiten. Unsere Aufgabe ist es also, wirklich erwachsen zu werden. Zum Erwachsenwerden gehört zum Beispiel auch, autonom zu sein, nichts und niemanden zu brauchen, bescheiden zu sein. Denn wer Bescheid weiß, ist ohnehin bescheiden.

Jede Krise wird als unerträgliche Belastung empfunden. Zuvor wurden die kleinen Schritte zur Lösung der Schwierigkeiten immer wieder aufgeschoben. Plötzlich ist die Krise da. Nun kann man nicht mehr ausweichen. Nun muss man sich der Aufgabe stellen. Oft führt das auch zu zusätzlichen körperlichen Belastungen.

Das heißt, wir müssten eigentlich krisenerprobt sein. Wir sind es aber nicht. Vor jeder neuen Krise stehen wir, als sei es das erste Mal, dass wir so etwas erleben. Dabei bedeutet das Wort »Krise« nicht nur schwierige Situation, sondern auch Wende und Chance.

Jede Krise ist in Wirklichkeit eine Chance, die Aufforderung, eine Wende herbeizuführen in unserem Leben. Dort wo die Krise ihren Anfang nahm, dort liegt auch die Lösung. Sich selbst ändern heißt nämlich, sein Bewusstsein ändern, erweitern, erheben. Sich stimmig machen.

Sie sollten immer wieder einmal Ihre Aufmerksamkeit auf Ihr Bewusstsein richten und dieses Bewusstsein stimmig machen, es in Einklang bringen mit sich. Fühlen Sie sich einfach mal in sich wohl. Jetzt hier. Spüren Sie, was das bewirkt in Ihrem Körper. Die Veränderung der Harmonie in Ihrem Bewusstsein zeigt sich sofort, indem Ihr Körper beginnt zu heilen. Heilung beginnt im gleichen

Augenblick, in dem Ihr Bewusstsein wieder in Harmonie kommt.

Lernen wir daraus, auch in ein *Chancenbewusstsein* zu kommen. Erkennen wir jede schwierige Situation, aber auch jede angenehme Situation als eine Chance, als eine Botschaft. Eine Möglichkeit, es im nächsten Augenblick besser zu machen.

Die meisten Menschen glauben, dass sie ihr Leben selbst bestimmen. In Wirklichkeit aber wird ihr Leben bestimmt von ihren selbst gewählten oder anerzogenen Verhaltensmustern. Von ihren Vorstellungen. Von ihren Wünschen und Sehnsüchten. Von der Meinung der anderen. Ihren Erwartungen und der Rolle, die sie spielen.

Ein besonders wichtiger Schritt auf dem Weg zur dauerhaften Gesundheit ist, zu Bewusstsein zu kommen, bewusst und achtsam zu leben und jeden Augenblick mit Lebensqualität zu erfüllen.

Das heißt auch, den *Weg der Freude* zu gehen. Dieses Leben findet Ihnen zur Freude statt. Wenn Sie sich einen Moment lang nicht freuen, machen Sie etwas falsch. Dieser Augenblick, in dem Sie sich nicht gefreut haben, ist für immer vorbei. Das Leben ist eine ewige Premiere ohne Generalprobe. Jeder Augenblick hat einen bestimmten Inhalt, mit dem er optimal erfüllt werden kann. Wenn dieser Augenblick vorbei ist, ist er für alle Zeiten vorbei. Sagen Sie nicht: »Das kann ich ja später machen.« Später ist etwas anderes zu tun. Alles kann immer nur jetzt geschehen.

Hier folgt nun eine Reihe von Übungen, mit denen Sie lernen können, in Harmonie mit Ihrem Bewusstsein zu sein.

Übung: Kopf frei für Ihr Bewusstsein

Wir haben in der Mitte unseres Kopfes eine Naht, die so genannte Pfeil- oder Scheitelnaht im Schädel. Wir machen jetzt einmal drei Übungsschritte, die zu einem deutlich erweiterten Bewusstsein führen.

Erster Schritt: Versuchen Sie zuerst, diese Naht auseinander zu ziehen. Greifen Sie kräftig mit beiden Händen in die Kopfhaut, greifen Sie mal weiter vorne, mal weiter hinten, und ziehen Sie die Haut auseinander, als wollten Sie den Schädel auseinander klappen. Wenn das an den Haaren zieht, dann ziehen Sie erst nach der einen Seite und dann nach der anderen, dann tut es an den Haaren nicht weh. Aber richtig hineingreifen und kräftig auseinander ziehen!

Zweiter Schritt: Jetzt klappen wir diese beiden Seiten wieder zusammen. Sie haben hinten zwei Höcker, die Sie rasch und leicht mit Ihrem Handballen finden. Legen Sie Ihren Handballen auf einen davon, drücken Sie vorne unter der diagonal entgegengesetzten Augenbraue dagegen, und fügen Sie so den Schädel wieder zusammen. Kräftig drücken! Und dann natürlich umgreifen und in der anderen Diagonale drücken.

Dritter Schritt: Ohrenränder massieren. Nicht kitzeln, richtig massieren, sodass Sie glühende Ohren bekommen. Es kann ruhig ein bisschen weh tun. Da kann auch einmal eine Träne kommen. Nicht übertreiben am Anfang, aber dann so kräftig, als wollten Sie die Ohren glatt massieren. Richtig drücken, dass es unangenehm ist. Ganz kräftig massieren, rauf und runter und noch mal rauf und noch mal runter, etwa 30 Sekunden lang.

Nun die Augen schließen und schauen, was mit diesen drei Übungsschritten passiert ist.

So einfach können Sie sich den Kopf für optimales Bewusstsein frei machen. Wann immer Sie vor einem wichtigen Gespräch stehen, einer wichtigen Verhandlung, einer Prüfung, gehen Sie auf die Toilette, es dauert ja nur zwei Minuten, machen Sie diese drei Übungen, und Sie kommen mit ganz anderer Energie, einem ganz anderen Bewusstsein zurück. Sie können noch so viel im Stau gestanden haben, vielleicht unter Druck geraten sein, es ist alles weg. Sie sind einfach nur da. Wenn Sie jetzt wieder ins ICH-BIN-Bewusstsein gehen, ist Ihr Kopf ganz frei dafür.

Sympathisch sein!

Ein weiterer Schritt, um zu Bewusstsein zu kommen, ist ebenso einfach: *sympathisch sein.*

Verändern Sie jetzt einmal bewusst Ihre Ausstrahlung. Seien Sie einmal sympathisch. Nein, ich meine mehr. Seien Sie jetzt einmal unglaublich sympathisch!

Wie das geht? Ganz einfach: Sie werden sofort sympathisch (das ist das Geheimnis), wenn Sie Ihr Bewusstsein darauf richten, was Sie an einem anderen sympathisch finden.

Finden Sie einmal irgendetwas an einem anderen Menschen, das Sie ehrlichen Herzens sympathisch finden, und Sie spüren es im gleichen Augenblick in sich selbst.

Sie können nicht anders, als Sympathie auszustrahlen, wenn Sie Ihr Bewusstsein darauf richten, am anderen etwas sympathisch zu finden. Wenn Sie es sich zur Gewohnheit machen, bei jedem etwas Sympathisches zu finden, dann strahlen Sie selbst ständig Sympathie aus.

Es ist ja viel bequemer zu sagen: »Hat der große Füße.« Oder: »Hat die einen hässlichen Pulli an.« Oder: »Sieht der im Gesicht zerknittert aus.« Stattdessen richten Sie ab jetzt Ihr Bewusstsein auf die angenehmen Seiten Ihrer Mitmenschen.

Und auf einmal begegnen Ihnen nur noch sympathische Menschen, weil Sie ja an jedem irgendetwas Sympathisches finden. Dann kommt das Beste: Sie spüren, wie Sie immer sympathischer werden, und man sagt es Ihnen auch. Einfach weil Sie Ihr Bewusstsein darauf richten, das Sympathische im anderen zu erkennen.

Dadurch, dass Sie die Menschen sympathisch finden, werden Sie selbst sympathisch und harmonisieren Ihr Bewusstsein.

Humor und heitere Gelassenheit

Nehmen Sie alles mit *Humor* und *heiterer Gelassenheit*.

Ich nehme in meinem Leben nichts, aber auch wirklich nichts ernst. Seit der Zeit ist alles ganz einfach, weil das ganze Leben so zu einem Spiel wird. Ob mein Häuschen abbrennt oder ich sechs Richtige im Lotto habe, ob mein/e Partner/in mich verlässt oder mich jemand lobt – alles das ist völlig gleich-gültig. Es sind alles Bestandteile des Lebens.

Wenn Sie im klaren und harmonischen Bewusstsein sind, werden Sie eines erkennen: Worauf es im Leben wirklich ankommt, ist zu leben. Und leben heißt auch, das

Leben in seiner ganzen Bandbreite erfahren und genießen zu können. Das Leben stellt uns ständig vor Aufgaben und Herausforderungen. Wir haben die Wahl: Wir können weglaufen oder alles als Geschenk im Spiel des Lebens annehmen – und so das Spiel nach seinen Regeln mitspielen.

Was uns im Leben passiert, ist alles ein zusätzliches Geschenk. Wir leben und damit haben wir alle Möglichkeiten. Das ist das Geschenk. Alles andere gibt es einfach noch gratis dazu. Dann spielt es plötzlich überhaupt keine Rolle mehr, ob die Dinge scheinbar angenehm oder unangenehm sind. Wen interessiert das?

Als Nächstes wenden wir uns den Heilungs- und Wandlungspunkten zu, durch deren Stimulierung Sie Körper und Geist mit heilender Energie erfüllen können.

Die Universalheilungspunkte

Der Körper-Universalheilungspunkt

Der Körper-Universalheilungspunkt befindet sich auf der Linie vom Ende des Brustbeines bis zum Bauchnabel. Er reagiert auf Druck empfindlich und kann daher genau lokalisiert werden. Er wird mit deutlichem Druck gehalten, bis der Schmerz sich auflöst und in ein Wohlgefühl übergeht.

Gleichzeitig wird ständig die »innere Aufmerksamkeit« von innen auf den Punkt gerichtet gehalten, also der Druck von innen gefühlt und nach Ausklingen des Schmerzes bewusst in ein Wohlgefühl verwandelt, bis der ganze Körper von diesem Wohlgefühl erfüllt ist.

Der Psycho-Universalheilungspunkt

Der Psycho-Universalheilungspunkt befindet sich auf dem Brustbein, etwa in der Mitte, er ist ebenfalls druckempfindlich und kann daher ebenfalls zuverlässig lokalisiert werden. Während er mit Druck gehalten wird, steigen oft Bilder längst vergangener Zeiten aus diesem, aber auch aus früheren Leben auf. Diese lösen sich auf, wenn die Aufmerksamkeit darauf gerichtet bleibt.

So können alte, belastende Energien aufgelöst und damit erlöst werden und alte Wunden heilen. Auch hier bleibt die innere Aufmerksamkeit von innen auf den Punkt und das Geschehen gerichtet, bis der Schmerz verschwindet, die Energien sich aufgelöst haben und ein Wohlgefühl den ganzen Körper durchströmt und erfüllt.

Auf diese Weise werden unstimmige Energiefelder im Energiekörper aufgespürt und in Harmonie gebracht. Der so geheilte Energiekörper prüft wiederum den physischen Körper, und dieser spiegelt die erfolgte Heilung als Gesundheit und Vitalität wider, aber auch als Leichtigkeit und Lebensfreude. Der ganze Vorgang dauert nur etwa 30 Minuten.

Die kausalen Wandlungspunkte

Hier können alle bewusst oder unbewusst angenommenen Verhaltensmuster und Programme gelöscht, umgewandelt und die neuen Verhaltensweisen dauerhaft »verankert« werden.

Die Technik der Wandlung einer unerwünschten Situation mithilfe der »kausalen Wandlungspunkte« ist eine Synthese aus Coue'scher Formelbildung, indischer Mantraanwendung, tibetanischer Visualisationstechnik und chinesischer Akupressur.

Coué war ein Apotheker in Nancy und fand heraus, dass die Wiederholung der Formel »Es geht mir von Tag zu Tag in jeder Hinsicht immer besser und besser« einen sehr positiven Einfluss auf die Gesundheit und die seelische Verfassung der Menschen hat.

Im indischen Yoga wird eine ähnliche Form der Formelbildung genutzt, das so genannte Mantra-Chanten. Der Yogi meditiert hierbei mehrere Stunden am Tag über eine kurze, aussagekräftige Formel, deren Inhalt dadurch immer mehr zu seinem geistigen Eigentum und festen Bestandteil seines Bewusstseins wird.

Das Mantra wird noch einmal verstärkt mithilfe der tibetanischen Visualisationstechnik. Das bedeutet, während wir die Formel wiederholen, und zwar ohne Pause, damit kein anderer Gedanke sich dazwischendrängen kann, stellen wir uns den erwünschten Endzustand auf dem geistigen Bildschirm vor (angewandte Imagination). Dabei fühlen wir möglichst intensiv das Ergebnis. Fühlen heißt hier: Wir nehmen die Vorstellung mithilfe des Emotionalkörpers als eine Realität wahr. Fühlen heißt hier auch, in die erwünschte vorgestellte Situation »hineingehen«, sie durch Identifikation damit »in Besitz nehmen« und als der, der das erlebt, zu atmen, zu denken, fühlen, zu SEIN.

Nun kombinieren wir das Mantra mit den Akupunkten der Hand (siehe Abbildung Seite 185). Dabei klopfen wir den jeweiligen Punkt an der Hand 21-mal, wobei es gleich ist, welche Hand man wählt. Das Ganze so lange wiederholen, bis der erwünschte Endzustand als Realität erlebt wird.

Die Wirkung dieser Methode ist verblüffend. Nach kurzer Zeit wird das geistige Erleben des erwünschten Endzustandes das ganze Bewusstsein ausfüllen. Aber auch wenn man mit der Wiederholung aufhört, erlebt man, dass die Formel sich selbst im Innern laufend weiter wiederholt. Es ist wie eine Melodie, die man nicht mehr los wird. Dadurch wird ständig der erwünschte Endzustand geistig verursacht, sodass das Leben ihn im Außen manifestieren muss. Wenn innerlich kein Hindernis mehr ist, wird der Erfolg dadurch unvermeidbar. Ein Hindernis könnte sein, dass wir glauben, es nicht wert zu sein, die Erfüllung zu empfangen, oder dass es sich nicht natürlich anfühlt oder dass wir gar Angst vor der Erfüllung haben. Sobald solche Hindernisse beseitigt sind, geschieht die Manifestation.

Die Praxis

Sie formulieren zunächst den erwünschten Endzustand klar in einem Satz. Bei einer mentalen Wandlung etwa:

»Ich denke positiv und richte meine Aufmerksamkeit ständig auf Lösungen.«

Bei einer körperlichen oder emotionalen Wandlung etwa so:

»Ich bin vollkommen gesund, und ein wunderbares Wohlgefühl erfüllt mein ganzes Sein.«

Bei einer Wandlung im Bewusstsein etwa so:

»Ich bin vollkommenes, ewiges Sein, unsterbliches Bewusstsein.«

Während Sie Ihre volle Aufmerksamkeit auf diesen Satz richten und ihn lautlos, aber mit intensiver Energie mehrfach wiederholen, am besten 21-mal, klopfen Sie den jeweiligen energetischen Wandlungspunkt, um die Wandlung dauerhaft zu verankern.

Für eine mentale Wandlung klopfen Sie den mentalen Wandlungspunkt. Er befindet sich am Grundgelenk des kleinen Fingers, wo die Falten sind, wenn Sie eine Faust machen.

Für eine körperliche oder emotionale Wandlung klopfen Sie den emotionalen Wandlungspunkt. Er befindet sich bei zusammengelegtem Zeigefinger und Daumen am Ende der sich so bildenden Falte.

Für eine Wandlung im Bewusstsein klopfen Sie den Bewusstseins-Wandlungspunkt. Er befindet sich auf dem Handrücken, zwischen kleinem und Ringfinger, etwa 3 cm vom Grundgelenk entfernt.

Um den jeweiligen Punkt sicher zu treffen, können Sie

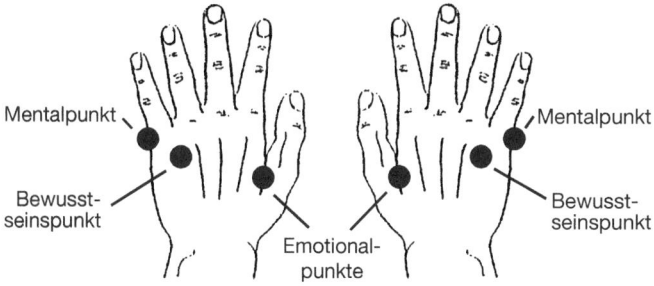

auch mehrere Finger und den Daumen »bündeln« und mit diesem »Fingerbündel« klopfen. Die Klopfgeschwindigkeit ist dabei ohne Bedeutung. Während Sie klopfen und den jeweiligen Satz 21-mal wiederholen, imaginieren Sie den erwünschten Endzustand und erleben sich in der Erfüllung.

Das Löschen eines hartnäckigen Programmes
Hierfür benötigen Sie vier Punkte am Kopf: Finden Sie den höchsten Punkt Ihres Kopfes; die beiden ersten Punkte befinden sich unmittelbar davor und dahinter. Die anderen beiden Löschungspunkte befinden sich jeweils in der Mitte der Augenbrauen.

Klopfen Sie nun mit zwei Fingern der linken Hand auf die beiden Punkte auf Ihrem Kopf, während Sie gleichzeitig mit zwei Fingern der rechten Hand die beiden Punkte in der Mitte der Augenbrauen beklopfen. Richten Sie dabei Ihre Aufmerksamkeit auf das zu löschende Programm, und erleben Sie, wie es sich innerhalb von 30 Sekunden auflöst.

Die 21-Tage-Regel
Sie intensivieren die Wirkung, indem Sie die Übung mehrmals täglich machen. Um das bisherige, unerwünschte Verhalten sicher zu löschen und das neue, erwünschte Verhalten sicher zu »verankern«, sollten Sie die Übung an 21 Tagen wiederholen. Es ist dabei unwichtig, ob Sie einmal einen Tag aussetzen. Es ist nur wichtig, dass Sie das Ganze an insgesamt 21 Tagen wiederholen und durch Imagination des erwünschten Endzustandes vertiefen. Es ist sicher »verankert«, wenn Sie dabei ein starkes Gefühl der Freude und Dankbarkeit erleben.

Das Ritual der Stilleminute

»Stille ist der Klang der Seele.«

Zu den leichten (wenn auch nicht einfachen) Methoden, tief ins Bewusstsein zu kommen, gehört die *Stille*. In der Stille öffnen wir uns dem Herzen und der Seele, den Toren zum Bewusstsein.

Durch Stille erkennen Sie, wie abgelenkt Sie waren. Stille führt Sie wieder in die Achtsamkeit, die *Selbst*-Achtung.

Bewusst in die Stille zu gehen ist der Anfang jeder Meditation. Vielleicht haben Sie noch nicht die richtige Meditationsmethode gefunden; dann ist die Stille der beste Einstieg.

Keine Musik, einfach nur Ruhe. Zu sich selbst kommen. Sich selbst begegnen. Eine Minute.

Schenken Sie sich diese *Stilleminute* so häufig wie möglich am Tag. Machen Sie daraus ein Ritual:

- wenn Sie wach geworden sind vor dem Aufstehen
- vor dem Frühstück
- bevor Sie Ihre Arbeit beginnen
- bevor Sie die Pause beginnen
- vor dem Mittagessen
- nachdem Sie Ihre Arbeit abgeschlossen haben
- nachdem Sie sich ins Bett gelegt haben

Allmählich können Sie die Stilleminute verlängern und 10 Minuten daraus machen.

Lassen Sie dann daraus eine Stillestunde werden. Einmal am Tag eine stille Stunde.

Machen Sie daraus einen Stilletag. Jeder Sonntag wird zu einem Stilletag.

Es wird Ihr Leben mehr ändern, als Sie für möglich halten!

Wie wäre es JETZT mit einer Stilleminute?

Das Richtige tun

Mit den sieben Säulen der Gesundheit haben wir uns die sieben Grundlagen für ein positives Gesundheitsverhalten angeeignet. Hier noch einmal eine Checkliste mit den wichtigsten Punkten:

Mein persönlicher Gesundheitsplan, Teil 3	Mache ich schon	Mache ich JETZT!
Verbesserung der Esskultur (weniger essen, öfter fasten)		
Mehr frisches Obst, Gemüse, Frischsäfte		
Mehr Lebensmittel, Vollwertprodukte		
Mindestens 2 Liter Flüssigkeit (außer Kaffee, schwarzer Tee, Alkohol)		
Verbesserung der Trinkwasserqualität (kohlensäurefrei, mineralstoffarm, destilliert)		
Maßnahmen zur Entsäuerung, Entschlackung und Remineralisierung		
Das Kautraining: Kau dich fit!		
Häufiger tief atmen: Außer-Atem-Training, Laotse-Atmung		

Mein persönlicher Gesundheitsplan, Teil 3	Mache ich schon	Mache ich JETZT!
Bewegungsprogramm durchführen (Walking, Radfahren, Trampolin-schwingen)		
Sich im aeroben Bereich bewegen (fettverbrennender Stoffwechsel)		
Test: Schlafschulden erkennen und beheben		
Ohne Wecker ausgeschlafen aufwachen		
Anker zur sofortigen Stress-entspannung setzen und nutzen		
Probleme als Geschenke sehen		
Den eigenen Weg gehen		
Den Tag am Abend durch »Tagesrückschau« positiv umerleben		
Nahrungsergänzung mit Vitamin-präparaten		
Nahrungsergänzung mit Mineral-stoffpräparaten		
Nahrungsergänzung mit OPC und Q10		
Die Kopf-frei-Massage üben		
Humor und Gelassenheit entwickeln		
Das ICH-BIN-Bewusstsein aktivieren		
Heilungs- und Wandlungspunkte erfahren		
Ständig das Leben mit positiven Gewohnheiten bereichern (21-Tage-Regel)		
Regelmäßig eine Stilleminute praktizieren		

TEIL III

Verstehen,
was der Körper will

Die sieben Schritte
zur wahren Heilung

Wenn wir in die Welt schauen, dann sehen wir Unrecht, Krankheit und Leid. Das ist so offensichtlich, dass wir es gar nicht mehr infrage stellen. Sobald wir aber die Wirklichkeit hinter dem Schein erkennen, sehen wir absolute Gerechtigkeit, während Krankheit und Leid nur Botschaften sind und natürliche Folge des Missbrauchs der schöpferischen Energie des Menschen. Denn es gibt im Universum keine Schicksalsverteilungsstelle, sondern jeder bekommt immer nur das, was er verursacht. Wenn wir genau hinschauen, sehen wir, dass nicht nur die Menschen krank sind. Auch die Wirtschaft ist krank, die Politik ist krank, die Familien – es scheint so, als sei die ganze Welt krank. Wenn etwas krank ist, dann muss es geheilt werden. Da genügt es nicht, einen Teil zu heilen und sich um den Rest nicht zu kümmern. Vollkommene Heilung umfasst immer alle Bereiche des Lebens.

Krankheit als Botschaft

Jede Krankheit ist eine Botschaft

Jede Krankheit ist eine Information über nicht lebensgerechtes Verhalten. Für die meisten Menschen aber ist Krankheit nur eine Störung, die sie so schnell wie möglich beseitigen wollen, um danach genauso falsch weiterzumachen. Sie betrachten Krankheit nicht als einen liebevollen Hinweis des Körpers auf eine Disharmonie im Bewusstsein, sondern sehen sie als Schicksalsschlag, als Laune der Natur, als Zufall, der den einen trifft und den anderen ebenso zufällig verschont. Mit dieser Einstellung jedoch wird Nachhilfeunterricht durch das Schicksal unvermeidlich.

Oft schaffen wir die Disharmonie selbst. Wir verurteilen uns, weil wir unserem Ideal nicht entsprechen, weil wir vielleicht nicht die Figur haben, die wir gerne hätten, und zwingen uns so, etwas zu tun, was uns gar nicht entspricht, und schaffen dadurch erst recht Disharmonie.

Außerdem leben viele Menschen auf einer geistigen Abmagerungsdiät von Bildzeitung, Fernsehen, schockierenden Filmen und banaler Lektüre. Diese mentale Abfallnahrung führt zwangsläufig zu einer geistigen Unterernährung und zu schlechter Gesundheit.

Wenn wir unser Auto nicht richtig bedienen, geht es kaputt. Wenn wir gegen ein Gesetz verstoßen, werden wir bestraft, und wenn wir unseren Körper nicht richtig behandeln, werden wir krank. Jedes Leid, ja, schon jedes kleine Unbehagen ist eine Botschaft und eine Aufforderung, unser Denken, Fühlen und Handeln zu ändern.

Wirkliche Heilung aber muss das wahre Selbst des Menschen erreichen, muss sein Wesen berühren und eine dauerhafte Änderung im Bewusstsein bewirken.

Geistheilung setzt hier zwar an der richtigen Stelle an, verzichtet aber noch auf die Eigenleistung des Menschen und damit auf eine wirkliche Ent-wicklung. Hier ist ein Quantensprung in der Heilkunde notwendig: Heilung durch Erinnerung des Menschen an sein wahres Wesen und Selbst-Identifikation.

Erkennen Sie sich als Bewusstsein

Machen Sie sich bewusst: Bewusstsein wird nicht geboren. Bewusstsein kann nicht krank werden. Bewusstsein altert nicht und stirbt nicht. Bewusstsein IST.

Sie sind Bewusstsein. Sie sind nicht krank, krank ist Ihr Körper. Er kann nichts dafür, spiegelt nur eine Disharmonie in Ihrem Bewusstsein wider. Er ist Ihr Freund, der etwas sonst Verborgenes (die eigentliche Krankheit) über ein Symptom sichtbar macht. Er zeigt Ihnen: »Schau her, da stimmt etwas nicht! Das solltest du in Ordnung bringen.«

Sie können jetzt einen großen Schritt zur dauerhaften Gesundheit tun, wenn Sie anfangen, sich mit sich selbst zu identifizieren, das heißt mit dem Bewusstsein, das Sie sind. Denn Sie sind nicht der Körper. Der Körper ist Materie. Materie kann nicht denken, nicht fühlen, sich nicht erinnern, sich nicht entscheiden. Das kann nur Bewusstsein.

Sie aber können sich erinnern, können sich entscheiden, können denken, fühlen. Also sind Sie Bewusstsein.

Sie sind *der*, der diesen Körper bewohnt. Je nachdem, wie Sie ihn behandeln (sprich: in welchem Bewusstsein Sie sind), in diesem Zustand ist auch Ihr Körper. Und im gleichen Augenblick, in dem Sie Ihr Bewusstsein ändern, ändert sich der Gesundheitszustand Ihres Körpers. Sie sind in *diesem Augenblick* dabei, sich zu heilen, indem Sie Ihr Bewusstsein verändern, indem Sie sich an sich selbst erinnern.

Wir alle haben unser Schicksal, tragen es mehr oder weniger geduldig. Aber kaum einer kommt einmal auf die Idee und fragt sich: »Wo kommt das eigentlich her? Wie kommt man eigentlich an Schicksal?« Jeder hat es, aber wann haben wir es bekommen? Wenn wir es schon haben, können wir es eventuell ändern? Wenn ja, wie macht man das?

Schicksal entsteht durch Denken

Jeder Gedanke, mag er noch so nebensächlich sein (auch unbewusste Gedanken natürlich), jeder kleinste Gedanke kommt zu Ihnen als Ihr Schicksal zurück, als Teil Ihres Schicksals. Ein negativer Gedanke kann natürlich nur negatives Schicksal bewirken, ebenso zuverlässig wie ein positiver Gedanke positives Schicksal bewirkt. Was glauben Sie, wie viel Prozent Ihrer Gedanken positiv sind? Sie brauchen sich das nur selbst einmal bewusst zu machen. Wie viel Prozent Ihrer Gedanken sind demnach negativ? So viel Prozent negatives Schicksal produzieren Sie! Tagein, tagaus, und dann sind Sie mit Ihrem Schicksal nicht zufrieden.

Schicksal aber kann nur an der Stelle geändert werden,

wo es geschaffen wird: in unserem Bewusstsein nämlich. Unsere Lebensumstände zeigen wie ein Spiegel den Zustand unseres Bewusstseins.

Auch die so genannten Alterskrankheiten sind nur die Information über die ungelösten Aufgaben des Lebens und die Folge unserer Jugendsünden. Immer wieder kann man erleben, dass ein Mensch, der ein Leben lang krank war, im Alter plötzlich frei von Krankheit ist und geradezu aufblüht. So ungefähr mit siebzig gibt es da eine Schwelle. Plötzlich sind diese Menschen nie mehr krank. Daran kann man sehen, was es ausmacht, wenn jemand den Sprung im Bewusstsein tut und beginnt bewusst zu werden.

Der Körper ist kein Spielverderber

Jede Krankheit ist nur der Ausdruck, die Form eines Problems. Sie ist eine Möglichkeit, die das Leben benutzt, um uns zu sagen, dass etwas nicht stimmt. Verstehen wir die Botschaft nicht oder reagieren nicht darauf, dann zwingen wir das Leben nur, diese Botschaft in einer anderen Form, meist in einer unangenehmeren Form, zu wiederholen.

Von der Symptombehandlung zur wahren Heilung

Noch zu keiner Zeit wurde so viel Geld für die Gesundheit ausgegeben wie heute. Noch zu keiner Zeit wurde so viel Aufmerksamkeit, so viel Zeit verwendet, um die Menschen gesund zu halten. Es ist eine ganze Industrie geworden. Doch noch zu keiner Zeit waren die Menschen so krank wie heute. Noch zu keiner Zeit stand uns eine so hoch entwickelte Medizin zur Verfügung. Wir müssen uns doch fragen: »Warum gibt es überhaupt noch Kranke?« Wir haben für alles ein Medikament, eine Therapie. Eigentlich müsste bei so viel Aufwand doch ein Kranker die große Ausnahme sein. Der Kranke müsste in Wanderausstellungen im Land herumgezeigt werden: So sieht das aus, wenn man krank ist.

Das Gegenteil aber ist der Fall. Wir haben nämlich eigentlich nur gelernt, mit immer raffinierteren Mitteln die Symptome zu unterdrücken.

Mit unserem Auto würden wir einen solchen Unsinn nie machen. Wenn in Ihrem Auto die Ölkontrolllampe aufleuchtet, dann wissen Sie, was zu tun ist. Was würden Sie sagen, wenn Sie in die Werkstatt fahren und der Lehrling zu Ihnen sagt: »Kleinen Moment, das habe ich sofort. Ich drehe Ihnen das Birnchen raus oder klemme Ihnen das Kabel ab. Dann hört das Leuchten sofort auf.« Dem würden Sie was erzählen! Mit Ihrem Auto gehen Sie natürlich besser um als mit Ihrem Körper, den Sie nicht gebraucht verkaufen können, wenn Sie Ihn ruiniert haben. Aber mit dem müssen Sie ein Leben lang auskommen.

Ein anderes Beispiel. Wenn Sie eine Rate für Ihr Auto nicht bezahlt haben, dann bekommen Sie zuerst eine höfliche Erinnerung: »Offensichtlich ist es Ihrer Aufmerksamkeit entgangen usw.« Was passiert, wenn Sie diese erste Mahnung übersehen, in den Papierkorb werfen oder verbrennen? Sie haben ein Symptom beseitigt, aber acht Tage oder zwei Wochen später haben Sie eine neue Mahnung. Wenn Sie dann immer noch nicht bezahlen, kriegen Sie einen Zahlungsbefehl. Als Nächstes wird gepfändet, und schließlich werden die gepfändeten Teile abgeholt.

Genauso macht es der Körper. Er schickt Ihnen erst ein leichtes Unbehagen. Sie sind nicht krank, nur nicht so ganz auf der Höhe, vielleicht ein leichter Schmerz am Arm. Das ist schon eine Botschaft. Wenn Sie die jetzt nicht befolgen, dann wird daraus irgendwann eine akute Krankheit. Dann können Sie den Arm vielleicht nicht mehr heben, und Sie gehen zu einem Therapeuten. Der gibt Ihnen eine Spritze, und eine halbe Stunde später können Sie den Arm wieder bewegen. Sie empfehlen den Therapeuten weiter und sagen: »Der hat mir sofort geholfen.« In Wirklichkeit hat er sich um Ihre Krankheit überhaupt nicht gekümmert. Der hat nur das Birnchen rausgedreht – die Mahnung verbrannt –, das Symptom aufgelöst. Aber da die Krankheit nicht beseitigt ist, zwingen Sie den Körper, eine neue Mahnung zu schicken, eine etwas schärfere.

So wird aus der akuten Krankheit irgendwann einmal ein Dauerschmerz. Dann gehen Sie zu einem Facharzt, und der sagt: »Damit werden Sie leben müssen. Das ist chronisch geworden. Das sind nun mal die Alterserscheinungen.«

Wahrscheinlich ist es etwas anderes, und Sie können es auch jetzt noch ändern. Wenn Sie es aber nicht tun, dann wird es irgendwann Krebs oder eine letzte Mahnung. Wenn Sie auch die nicht befolgen, weil Sie sie vielleicht gar nicht verstehen, dann werden Sie von der Schule verwiesen. Dann kommt der Tod und erzwingt die Transformation.

Das alles hätten Sie leicht vermeiden können. Ganz einfach, indem Sie rechtzeitig die Botschaft verstehen und befolgen. Dazu müssen Sie nur lernen, sich öfter einmal an sich selbst zu erinnern. Sich bewusst machen, wer Sie sind, und möglichst in diesem Bewusstsein bleiben. Nicht als Rolle, nicht als Person, sondern als Bewusstsein leben.

Die Übung der Selbst-Erinnerung

Üben Sie jetzt einmal, sich tief an Ihr Selbst und Ihr Sein zu erinnern. Spüren Sie Ihr Bewusstsein. Gehen Sie in Ihrem Bewusstsein von innen bis an die Grenzen Ihres Körpers. Füllen Sie mit Ihrem Bewusstsein Ihren Körper aus. Spüren Sie Ihren ganzen Körper von innen, bis in die Zehen, bis in die Fingerspitzen, bis zum Kopf. Fühlen Sie bewusst Ihren Körper.

Jetzt tun Sie den nächsten Schritt. Gehen Sie mit Ihrem Bewusstsein über Ihren Körper hinaus. Lassen Sie Ihr Bewusstsein weiter werden. Sie werden sehen, es ist ganz einfach. Sie können Ihr Bewusstsein beliebig erweitern. Vielleicht beziehen Sie einmal Ihre Wohnungsnachbarn mit in Ihr Bewusstsein ein, egal ob Sie Ihnen sympathisch sind oder nicht. Nehmen Sie sie einfach so, wie sie sind. Machen Sie Ihr Bewusstsein so weit, dass Sie Ihre Nachbarn mit einbeziehen können, und lassen Sie dabei eine natürliche Harmonie in Ihrem Bewusstsein wachsen: Spüren Sie, wie es sich mit Harmonie erfüllt. Lassen Sie diese Harmonie in Ihrem Bewusstsein schwingen, und teilen Sie sie den anderen über Ihr Bewusstsein mit.

Sie können noch einen Schritt tun. Lassen Sie Ihr Bewusstsein noch weiter werden, sodass es die ganze Umgebung ausfüllt. Dann sind viele Leute in Ihrem Bewusstsein, und Ihr Bewusstsein erfüllt einen großen Raum.

Jetzt spüren Sie die positive Qualität Ihres Bewusstseins. Erfüllen Sie Ihr Bewusstsein und den ganzen Raum mit Wohlwollen, mit Sympathie und Liebe. Lassen Sie eine liebevolle Atmosphäre in Ihrem Umkreis entstehen. Während Sie immer mehr liebevolle Atmosphäre erschaffen, spüren Sie eine weitere Qualität in Ihrem Bewusstsein: die Klarheit. Ihr Bewusstsein ist absolut klar, so klar wie ein Bergsee, wie ein Bergkristall. Spüren Sie, wie sich die Atmosphäre in Ihrem Raum und Ihrem Umkreis verändert. So können Sie ab jetzt die Atmosphäre eines jeden Raumes positiv beeinflussen, ganz gleich wohin Sie kommen. Sie erfüllen ihn mit Wohlwollen, mit Klarheit und Liebe, einfach indem Sie sich an Ihr Selbst und Ihr Sein erinnern und diese Erinnerung immer weiter werden lassen.

Was ist Heilung?

Schauen wir uns einmal an: *Was ist Heilung?* Es ist die Herstellung vollkommener Gesundheit auf allen Ebenen des Seins. Wirkliche Gesundheit ist mehr als das Nichtvorhandensein von Krankheit. Gesundheit ist das Vorhandensein von Lebendigkeit, Energie und Lebensfreude.

In meiner Naturheilpraxis musste ich bald erkennen, dass jede Therapie, die lediglich die äußeren Symptome behandelt, die Menschen nur noch kränker statt gesünder macht. Bald bricht die unterdrückte Krankheit wieder hervor, meist heftiger, oder sie wird von einer noch schwereren abgelöst. Dabei gehen die Lebensfreude, der Glaube an den Sinn des Lebens und der Reichtum der Seele verloren. Was übrig bleibt, ist ein trauriger Rest dessen, was einmal hätte werden sollen.

Heilung, ganz gleich in welcher Form sie erfolgt, ist immer *Selbstheilung*. Der beste Therapeut, das teuerste Medikament kann immer nur die Selbstheilungskräfte aktivieren. Je intensiver und direkter das geschieht, desto schneller kann Heilung erfolgen. Die traditionelle Medizin ist immer mehr zur reinen »Feuerwehrmedizin« geworden, die erst dann eingreift, wenn es brennt, und meist nur den größten Brand löscht, wobei der Wasserschaden oft noch größer ist als der eigentliche Brandschaden.

Das Ziel kann daher nur sein: erstens, das Gesundheitsbewusstsein zu wecken, die Botschaft zu verstehen und zu beherzigen und nicht zu warten, bis daraus eine Krise oder ein Schicksalsschlag wird. Zweitens natürlich, zuverlässige Wege zur Erhaltung der Gesundheit zu finden und zu nutzen, und Dinge, von denen Sie wissen, dass sie nicht gut sind, zu lassen. Erst in einem dritten Schritt kommt es darauf an, durch angemessene Heilmaßnahmen eine eventuell vorhandene Krankheit zu kurieren. Wobei der sorgfältigen Diagnose ein hoher Stellenwert zukommt, und das Symptom erst beseitigt werden sollte, wenn die Ursache erkannt und beseitigt ist.

Wirkliche Heilung ist so immer ein Ganzwerdungsprozess. Immer mehr ich selbst zu werden. Zum Glück beginnt auch die Medizin allmählich erwachsen zu werden. Aus der Quantenphysik heraus hat sich eine neue Wissenschaft vom Leben entwickelt, die weitgehend die Auffassungen bestätigt, die in der Naturheilkunde seit Jahrhunderten überliefert sind. So beschreibt diese Wissenschaft jetzt den lebendigen Organismus als ein Energiefeld, wodurch die Überlieferung vom Energiekörper des Menschen eine wissenschaftliche Bestätigung erfährt.

Dieser pulsierende Energiekörper aus Licht steuert alle biochemischen Vorgänge in unserem Organismus. Selbst die Wirkung von Medikamenten beruht letztlich darauf, dass deren innewohnende Energie das Energiefeld des Organismus beeinflusst. Auch Geistheilung oder Handauflegen sind nichts als die Übertragung einer bestimmten Schwingung auf den Energiekörper, der auf dem Weg der Resonanz zum Gleichschwingen veranlasst wird.

So wird auch verständlich, dass manchmal allein die Anwesenheit eines Menschen heilen kann. Sie brauchen nur einmal an Ihren Bekanntenkreis zu denken. Es gibt Menschen, in deren Gesellschaft Sie sich einfach wohl fühlen. Und es gibt andere, die vielleicht intelligent sind und Interessantes zu erzählen haben, aber Sie fühlen sich nicht recht wohl dabei. Das ist eine Frage der Energie.

Heilung aus dem Urgrund des Seins

Wahre Heilung hat immer etwas mit der Rückbesinnung auf den Urgrund des Seins zu tun. Sie geschieht im Erwachen des wahren Menschen und der Erinnerung an seine wahre Natur. Sich auf seine wahre Natur zu besinnen und aus dieser Natur heraus zu leben führt zur Selbstidentifikation und damit zur Auflösung von Problemen, Krankheit, Mangel und Leid. Nur dadurch können wir als neue Menschen in ein neues Leben treten.

Das verkehrte Bewusstsein aber, das zu Krankheit führt, entsteht vor allem aus Unwissenheit, einem Mangel an Information oder durch Fehlinformation. Das aber zeigt nur, dass wir nicht wirklich gesucht haben. Denn das geistige Gesetz lautet: Wer suchet, der findet. Doch gilt es nicht nur Wissen zu erwerben, sondern auch die geistige Blindheit zu heilen, die verhindert, dass das Wissen wirklich zur Weisheit wird. Diese Blindheit führt zur Identifikation mit dem Körper, mit dem Denken und Fühlen, wodurch die Verbindung zu unserem wahren Selbst, dem universellen Bewusstsein in uns, verloren geht. Das Ergebnis ist dann das normale Ich-Bewusstsein und damit der Egoismus.

Die Trennung vom höchsten Bewusstsein hält kein Ich aus, ohne krank zu werden. Aus Egoismus kränken wir uns auch noch gegenseitig, bis wir dann wirklich krank geworden sind. Wir können sagen, **dieser Egoismus ist die eigentliche Krankheit.** Es geht also nicht nur um die Heilung unseres Körpers, sondern immer auch um unser Seelenheil. Heil bedeutet ja: ganz, ungeteilt zu sein.

In Wahrheit sind wir In-dividuen, ungetrennte Teile des EINEN, des höchsten Bewusstseins. Solange wir in der Trennung leben, muss der Körper das als Unheil, als Krankheit, widerspiegeln. Es geht nicht nur darum, Körper und Seele geistig zu heilen, sondern letztlich um die *Heilung im Geist* und damit um Heiligung. Denn indem wir wieder aus der Gottesunmittelbarkeit heraus handeln, heiligen wir alles Tun.

Gibt es unheilbare Krankheiten?

Wenn wir uns mit Heilung befassen, müssen wir uns auch fragen: Wer kann geheilt werden? Gibt es unheilbare Krankheiten? Die Antwort ist eindeutig: Jeder kann geheilt werden, wenn er die Heilung zulässt. Das äußere Geschehen wird immer mit seinem inneren Glauben übereinstimmen, denn »dein Glauben hat dich gesund gemacht«, wie es in der Bibel heißt (Markus 5,34).

Es gibt zwar keine unheilbaren Krankheiten, aber es gibt unheilbare Menschen, die derzeit nicht bereit sind, Heilung zuzulassen. Sobald sie bereit sind, stellt sich die fehlende Harmonie wieder her.

Deswegen schauen Sie einmal auf Ihr Bewusstsein. Sie haben zwei Möglichkeiten, gesund zu werden. Der eine Weg ist: Sie erkennen und befolgen die Botschaft, beseitigen damit die Ursache und werden gesund. Der Körper heilt dann von selbst. Natürlich wird gelegentlich wieder eine andere Botschaft kommen, die Sie wieder verstehen und befolgen, und wieder heilt Ihr Körper.

Der andere Weg ist einfacher, aber nicht leichter. Sie gehen den Schritt vom Ich zum Selbst. Sie hören auf, ein Ich zu sein. Nur ein Ich kann krank werden, ein Selbst kann gar nicht krank werden. Sie verlassen einfach das Ich und erinnern sich wieder, wer Sie wirklich sind. Sie waren nie ein Ich. Sie beseitigen die Illusion des Ichs und werden wieder der, der Sie immer waren: das Ebenbild Gottes, nach dem Sie geschaffen sind und das immer ohne Krankheit ist. Anders gesagt: Sie treten aus der Krankheit aus und treten in das heilende Bewusstsein ein, in die Wirklichkeit, die Sie wirklich sind.

Heilung durch Diagnose

Ein wichtiger Schritt zur Heilung ist die *richtige Diagnose.* Das heißt nicht, den richtigen lateinischen Namen für das Symptom zu kennen. Vielleicht gehen Sie zum Arzt, und der sagt Ihnen nach gründlicher Untersuchung: »Sie haben vegetative Dystonie.« Das heißt frei übersetzt: »Ich weiß auch nicht genau, was Sie haben.« Das ist nicht die Diagnose, die ich meine.

Das Wort aber sagt es schon, *Dia-gnose* heißt nämlich Durch-blick. Wenn die Diagnose nicht zu einem Durchblick führt, ist es eine falsche Diagnose, und dann werden danach auch die falschen Maßnahmen ergriffen. Die richtige Diagnose muss durch die Symptome hindurchblicken und hinter ihnen die Ursache erkennen. Denn Heilen, ohne die wirkliche Ursache zu erkennen und aufzulösen, ist nicht möglich.

Wir müssen also zu einer *ganz neuen Form der Diagnose* kommen, weg von der symptomatischen und äußerlichen Diagnose, hin zu einer wirklich kausalen Diagnose. Diese Form der Diagnose könnte man auch mit der »Schau des Wesentlichen« übersetzen, die den Kranken zu einer befreienden Einsicht führt. Dadurch wird ein Bewusstseinsschub ausgelöst und die Sinnhaftigkeit eines Vorgangs erkannt.

Hat der Kranke verstanden, ist er zur Einsicht gekommen durch die Diagnose, kann er sich dankend von seinem Symptom verabschieden. Er braucht es nicht mehr. Die Diagnose hat ihn geheilt. Wenn das Symptom seine Aufgabe erfüllt hat, verschwindet es von selbst. So ist der Mensch im tiefsten Sinn so lange krank, bis er sich an sein wahres Selbst erinnert, an den, der er wirklich ist.

Die alte Frage »Was fehlt mir eigentlich?« findet hier eine ganz neue Antwort: Wenn ich krank bin, fehlt mir eine bestimmte heilende Erkenntnis. Jedes Symptom enthält die ganz konkrete Information, welche heilende Erkenntnis mir fehlt. In diesem Sinne wird die wahre

Diagnose zur Therapie der Zukunft, und Einsicht wird das Universalheilmittel, denn eine wirkliche Diagnose ist bereits die Therapie, und die Einsicht verleiht der Diagnose ihre Heilkraft.

Ein Sufisprichwort sagt: »In dem Augenblick, wo dein Wesen berührt wird, ist Heilung schon geschehen.«

Wenn Sie wollen, können Sie diese Heilung gleich jetzt erleben, indem Sie selbst zu einer heilenden Erkenntnis kommen und den Durchblick gewinnen, der zur Ein-sicht führt. Spüren Sie einmal dieses Energiefeld jetzt und hier. Gehen Sie hinein in dieses Bewusstsein der Heilung und bleiben Sie einfach darin, für immer. Lassen Sie einfach Heilung geschehen, für Sie selbst und für andere. Wahre Gesundheit ist nämlich ansteckend, wie gute Laune und Heiterkeit.

Die Heilkraft des Glaubens

Ein anderes hoch wirksames, aber fast unbekanntes Heilmittel ist der Glaube, von dem es in der Bibel heißt: »Alle Dinge sind möglich dem, der da glaubt« (Markus 9.23). Wir aber glauben zu viel an den praktischen Wert des Wissens und wissen zu wenig von dem praktischen Wert des Glaubens. Denn dieser Glaube ist das Erinnern an die eigene göttliche Natur des Menschen. Wissen stellt nur Tatsachen fest. Glaube aber schafft Tatsachen.

Ein anderes Bibelwort zeigt uns, was Glauben bedeutet: »Alles, worum ihr bittet in eurem Gebet, glaubt nur, dass ihr's erhaltet, so wird's euch zuteil werden« (Markus 11.24). Anders gesagt: »Wenn ihr nicht glaubt, dass es schon Wirklichkeit ist, kann es auch nicht wirklich werden.« Erst wenn wir erkennen, dass wir von unserem wahren Wesen her jetzt schon gesund sind, kann Heilung geschehen. Dann heilt der Körper im gleichen Augenblick, und die Krankheit verschwindet.

Nun könnten Sie sagen: »Gut, wenn ich diesen Glauben hätte, dann wäre ich gesund. Aber ich habe ihn nicht. Wie komme ich daran? Wie lerne ich diesen heilenden Glauben?«

Erinnern Sie sich einfach wieder, wer Sie sind. Machen Sie sich bewusst: »Ich bin nicht der Körper. Ich bin nicht der Verstand. Ich bin nicht das Gefühl. Ich bin der, der denkt. Ich bin der, der fühlt. Ich bin der, der diesen Körper bewohnt. Ich bin Bewusstsein. Ich bin gesund. Ich war es immer, und ich werde es immer sein.« Im gleichen Augenblick, wo Sie dieses Bewusstsein haben, beginnt der Körper zu heilen, ganz gleich was er hat. Sie brauchen nicht einmal zu wissen, dass Sie krank sind. Der Körper beginnt zu heilen, und zwar so lange, wie Sie dieses Bewusstsein halten. Also bleiben Sie in diesem heilenden Bewusstsein.

Statt von der »Heilkraft des Glaubens« könnte man auch von der *Heilung durch Meditation* sprechen. Meister Eckehart, mein wichtigster Lehrer, sagte immer: »Im Gebet spreche ich zu Gott. In der Meditation spricht Gott zu mir.«

Also werden Sie still. Lauschen Sie nach innen und fragen Sie sich: »Was kann ich tun, um gesund zu werden?«

Allein die Meditation ist schon ein zuverlässiger Weg. Denn Meditation ist Sammlung von Körper, Seele und Geist an einem Punkt. Wenn wir Buddhas Gebot der Achtsamkeit befolgen, dann wird das ganze Leben zur

Meditation. Dieses Einssein mit der Harmonie der Schöpfung, das wir in der Meditation erlangen, schließt die Gesundheit mit ein.

Meditation ist einfach SEIN. Je mehr hier hinzugetan wird, desto weniger wird bewirkt. Sie brauchen nichts zu tun für Ihre Gesundheit. Sie brauchen nur anzufangen zu SEIN. Lassen Sie einfach Heilung geschehen, und bleiben Sie in diesem Bewusstsein, bis es vollendet ist, bis Sie spüren, es ist vollbracht. Es kann sein, dass es 20 oder 30 Minuten dauert, vielleicht eine Stunde. Es spielt ja keine Rolle. Sie haben die Ewigkeit vor sich. Bleiben Sie einfach in diesem heilenden Bewusstsein und spüren Sie in sich, dass Heilung geschieht.

Die sieben Schritte

Wir müssen auch *spirituelle Gesundheit* erreichen. Das heißt, wir sollten unsere eigene individuelle Lebensphilosphie entwickeln. Wir sollten so leben, wie wir gemeint sind, und zunächst einmal ein heilendes Bewusstsein entwickeln. Dann können wir alle Bereiche unseres Lebens heilen, nicht nur unseren Körper, sondern auch unsere Partnerschaft, unser Gefühlsleben und unseren Beruf. Hier sind in einer kurzen Zusammenfassung die sieben Schritte zur spirituellen Gesundheit und zur wahren Heilung:

1. Die Bereitschaft zur Konfrontation mit der Krankheit.
2. Die Einsicht, dass jede Krankheit eine Botschaft ist.
3. Die individuelle Botschaft der Erkrankung erkennen.
4. Die persönliche Botschaft der Krankheit annehmen und als verbindlich anerkennen.

5. Die Konsequenz aus der persönlichen Botschaft ziehen und befolgen. Aus dieser Konsequenz ein neues Verhalten, veränderte Gewohnheiten schaffen und in das eigene Sein integrieren.

6. Das Ego-Bewusstsein als Ursache aller Krankheit erkennen. Denn das Ego, die Illusion des Ichs, ist Trennung von der Ganzheit, von unserer wahren Natur. Es ist diese fehlende Ganzheit, die in unserem Körper als Krankheit in Erscheinung tritt.

7. Die Illusion des Ichs und die Trennung von der Ganzheit durch Selbstidentifikation beenden. Das heißt: in ständiger Identifikation mit dem Ebenbild Gottes, als das wir geschaffen und von der Schöpfung gemeint sind, zu leben. Dann – und nur dann – sind wir endgültig und vollkommen geheilt. Krankheit als Lehrer auf dem Weg wird nicht mehr gebraucht und verschwindet. Wir sind am Ziel.

Was dir deine Krankheit sagen will

Wir nennen diese Welt »Kosmos«, das bedeutet *Ordnung*. Wir sind eingebettet und durchdrungen von dieser Ordnung. Wir sind ein Teil dieser Ordnung, und auch wir sind in Ordnung. Von unserem wahren Wesen her leben wir im Einklang mit der Schöpfung. Diesen Einklang mit der Schöpfung erleben wir als Wohlgefühl, Lebensfreude, Vitalität und Gesundheit.

Immer wenn wir diese Ordnung stören, bekommen wir vom Leben eine Botschaft. Der wichtigste Botschafter des Lebens ist unser Körper. Die Störung der natürlichen Ordnung erleben wir als Krankheit und Leid.

Unser Körper, dieser wunderbare Botschafter des Lebens, sagt uns nicht nur, *wo* wir uns nicht lebensgerecht verhalten, er zeigt uns stets auch ganz genau, *was* zu tun ist, um wieder in Harmonie mit dem Leben zu sein. Er schickt uns ständig Botschaften, und der Körper kann nicht lügen. Er spiegelt nur den Inhalt unseres Bewusstseins und lässt auf diese Weise etwas sonst für uns Unsichtbares sichtbar werden.

Wenn wir eine Botschaft nicht beachten, schickt er uns den Schmerz, um uns auf die Botschaft aufmerksam zu machen. Und wenn wir auch diese Botschaft nicht befolgen, schickt er uns letztlich den Tod. Wann immer wir Schmerzen haben, haben wir eine Botschaft übersehen.

Alles ist eine Botschaft: unser Aussehen, jede Geste, unser Verhalten und natürlich jedes Symptom. Wir sehen so aus und verhalten uns so, weil es unserem Sosein entspricht. Jeder ist für sein Aussehen, sein Verhalten und seine Gesundheit selbst verantwortlich. Im »Tagebuch unseres Körpers« steht unsere Lebensgeschichte.

Die Botschaft besteht immer aus drei Teilen:
– dem Ort der Erkrankung,
– der Art der Erkrankung,
– dem Zeitpunkt der Erkrankung.

Keine Krankheit ist eine Strafe oder Verurteilung, sondern immer eine Chance. Ergreifen wir die Chance nicht, weil wir die Botschaft vielleicht gar nicht erkennen, zwingen wir das Schicksal nur, eine Wiederholung in entsprechend deutlicherer Form vorzunehmen.

Wir alle haben unser Schicksal zu tragen, und wir tragen es mehr oder weniger geduldig, aber kaum jemand fragt sich einmal, warum er unter *diesen* Umständen lebt. Was sie verursacht und ob und wie man sie eventuell ändern könnte. Sobald wir das tun, erkennen wir: Unser Schicksal liegt in unserer Hand. Wir haben die Möglichkeit, es *in jedem Augenblick* zu ändern. Aber nicht im Außen, mögen wir uns da noch so sehr bemühen, sondern nur in uns. Das Schicksal kann nur dort geändert werden, wo es geschaffen wird, in unserem Bewusstsein. Die Umstände sind nur ein Spiegel unseres Bewusstseins.

Der erste Schritt zur Gesundheit besteht darin, dass wir die Botschaft erkennen, annehmen und befolgen. Wir aber versuchen immer »erfolgreicher«, die Information über unser falsches Verhalten zu beseitigen, um danach genauso falsch weiterzumachen, und beklagen uns bitter, wenn immer neue Krankheiten uns zwingen wollen, endlich das Richtige zu tun. Der Krankheitsverlauf zeigt dabei genau die Lernschritte im Bewusstsein auf, und die Heilung zeigt, dass der Lernprozess abgeschlossen ist. Ist das nicht der Fall, kann Heilung nicht erfolgen, bis wir bereit sind, das »Not-wendige« zu tun.

Krankheit tritt auf allen Ebenen in Erscheinung

Wir sprechen gern von psychosomatischen Erkrankungen, so als ob es möglich wäre, dass nur die Psyche oder nur der Körper erkrankt. Immer sind jedoch beide betroffen, denn der Körper und die Psyche bilden eine Einheit. Der Körper ist der sichtbare Ausdruck unseres Bewusstseins. Wir weinen, wenn wir traurig sind, werden rot, wenn wir verlegen oder zornig sind. Wir bekommen eine Gänsehaut bei einer schaurigen Vorstellung, und der Gedanke an eine anstrengende Tätigkeit lässt unseren Blutdruck steigen, auch wenn wir sie gar nicht ausführen. Eine schlechte Nachricht schlägt uns auf den Magen, eine andere geht uns an die Nieren. Beim Ärgern kommt uns die Galle hoch, und das Herz schlägt uns vor Freude bis zum Hals, kann uns aber auch vor Schreck in die Hose rutschen. Jedes Gefühl, das die Psyche bewegt, findet seinen Ausdruck im Körper.

Die sieben Eskalationsstufen eines Symptoms

1. Bevor sich ein Problem oder eine Belastung als Symptom zeigt, meldet es sich als Idee, Wunsch, Traum oder Fantasie.

2. Als zweite Mahnung erscheint eine kleine und scheinbar unbedeutende und wenig belastende funktionale Störung. Das Problem wird auf der körperlichen Ebene sichtbar oder spürbar.

3. Bei Nichtbeachtung kommt es zu einer akuten körperlichen Störung, zu einer Entzündung, einer Verletzung oder einem kleinen Unfall. Die Bitte um Änderung wird schmerzhaft vorgetragen.

4. Wenn auch die akute Bitte keine Beachtung findet, wird der zunächst akute, entzündliche Prozess chronisch. Der Organismus schickt eine Dauermahnung.

5. Bleibt auch die Dauermahnung unbeachtet, kommt es zu irreversiblen Schäden, zu Organveränderungen oder Krebs.

6. Sollte auch diese letzte Mahnung nicht zu der erwünschten Änderung führen, endet die Entwicklung früher oder später mit dem Tod. Der Tod zwingt zum Loslassen und bietet die Möglichkeit, die Situation von einer anderen Ebene mit anderen Augen zu sehen und zu ändern.

7. Wird diese Chance vertan, kann es zu einer weiteren Inkarnation kommen, diesmal vielleicht unter erschwerten Bedingungen. Mit einer »angeborenen« Behinderung, Missbildung oder Störung beginnt dann ein neuer Zyklus (Karma).

Die Bedeutung von Körperreaktionen

Hier einige Beispiele dafür, welche geistig-seelische Bedeutung körperliche Reaktionen und Beschwerden haben können.

Ein Körperteil kann:	Bedeutung:
sich entzünden	Auch geistig-seelisch ist eine akute Belastung vorhanden.
vereitern	Etwas Fremdes ist eingedrungen und sollte entfernt werden (auch im geistig-seelischen Bereich).
überdehnt, gezerrt sein (oder gar reißen oder brechen)	Eine zu große Beanspruchung, die beseitigt werden muss, liegt vor.
sich verrenken	Etwas befindet sich auch geistig-seelisch nicht in Harmonie, sollte eingerenkt werden. Das kann sich auch auf eine Situation beziehen.
zu schwach sein	Etwas muss geübt, gestärkt oder gefördert werden, denn ich werde gefördert, indem ich gefordert werde.
gestört sein	Also muss ich fragen: Was stört mich in Wirklichkeit? Wie kann ich die Ordnung wieder herstellen?
brennen oder jucken	Hier muss ich mich fragen: Was brennt mir wirklich auf der Haut, oder was juckt mich, um mich zu zwingen, mich damit zu befassen?
verengt sein	Also frage ich mich: Was engt mich ein, wie kann ich die Enge in meinem Bewusstsein beseitigen?
erweitert sein	Wo bin ich zu weit gegangen, habe ich etwas überdehnt, zu stark beansprucht?

Die wichtigsten Organe und Körperteile von A–Z und ihre geistigen Entsprechungen

Augen	Sie sind unser wichtigstes Organ. Sie vermitteln 80 % der Sinneseindrücke. Sie sind der Spiegel unserer Seele. Das Auge ist das einzige Organ, das die Empfindungen augenblicklich zeigt. Wir erkennen Emotionen wie Wut, Angst, Ärger, Gleichgültigkeit oder Liebe sofort am Auge.
Bandscheiben (beweglicher Teil der Wirbelsäule)	Pufferfunktion. Die Bandscheiben sind für den inneren Halt und für unsere Haltung verantwortlich. Überlastung zeigt sich in der Bandscheibe. Wenn man sich übernommen hat, wird man zur Ruhe gezwungen. Man muss sich fragen: »Wieso ist der Druck so groß?« Man muss innerlich an sich arbeiten, sich innerlich stärken, äußerlich Belastungen abbauen.
Bauchspeicheldrüse	Sie produziert im exokrinen Teil die Verdauungssäfte, Enzyme. Im endokrinen Teil produzieren die Inselzellen das Insulin. Enzyme sind Katalysatoren, also Entwickler, Umformer, Beschleuniger. Ist die Bauchspeicheldrüse gestört, fehlt es an Enzymen, also an geistig-seelischer Entwicklung. Resignation ist die Folge. Ist die Insulinproduktion gestört, kann Zucker (Liebe) nicht richtig verarbeitet werden. Es kommt zu Diabetes und Störungen in der Akzeptanz von Liebe.
Bindegewebe	Wenn es geschwächt ist, fehlt es an Spannkraft, man hat die Tendenz des Nachgebens, des Ausgleichens.

Blase	Ausscheidungsfunktion. Bei Blasenstörungen lässt man Vergangenes nicht los oder steht »unter Druck«.
Blut	Das Blut ist der Sitz der Lebenskraft und des Lebens.
Bronchien	Sie filtern die Luft (seelische Eindrücke) und leiten sie zur Bearbeitung in die Lunge. Sie können sich entzünden (Engpass) oder verkrampfen zu Bronchialspasmen (Fehlleitung). Sie stehen für Probleme bei Übervorsorge oder mangelnder Fürsorge.
Brust/Busen	Die Brust ist der Ausdruck der Weiblichkeit (seelische Nahrungsquelle). Zu lange stillen wollen oder zu wenig geben können: Die geistig-seelische Partnerschaft ist gestört.
Dickdarm	Hier wird dem unverdaulichen Rest der Nahrung die Flüssigkeit entzogen. Der Dickdarm hat Bezug zum Unterbewusstsein. Er steht für die Angst, unbewusste Inhalte ans Tageslicht kommen zu lassen. Bei Verstopfung: Stau seelischer Eindrücke und Unfähigkeit, Abstand zu gewinnen; man kann nicht hergeben, nicht loslassen, seine Gefühle nicht äußern.
Dünndarm	Er analysiert und verarbeitet die stofflichen Eindrücke (Nahrung). Der Dünndarmkranke analysiert zu viel, hängt zu sehr am Detail, kritisiert, ist kleinlich. Existenzängste zeigen sich hier. Bei Durchfall: Überkritisches Verhalten oder zu hohe Anforderungen müssen abgebaut werden.

Eierstöcke/ Gebärmutter	Sie dienen der Fortpflanzung des Menschen. Voraussetzung dafür ist, den Partner ganz in sich aufzunehmen, um gemeinsam etwas Neues werden zu lassen. Probleme in diesem Bereich zeigen, dass der körperliche Kontakt zum Partner gestört ist.
Füße	Füße brauchen wir zum Gehen, Stehen und für das Gleichgewicht. Geistig-seelische Bedeutung bei Problemen: in die falsche Richtung gehen. Man sollte seinen Standpunkt auf Richtigkeit prüfen und gegebenenfalls ändern. Man hat nicht genügend Stehvermögen, kann notwendige Schritte nicht gehen.
Galle	Sie ist das Aggressionsorgan und produziert in 24 Stunden etwa einen Liter Gallenflüssigkeit. Gallensteine stehen für geronnene Aggressionen, man ist leicht gereizt, ärgert sich oft. Bei zu viel Ärger oder Wut sagt man: »Der spuckt Galle.« Ständig »gereizt« zu sein, aber dem Ärger keinen Ausdruck zu verleihen oder nicht zu können/dürfen verursacht Galleprobleme.
Gelenke: (Verbindung zwischen zwei Teilen)	Sie können sich entzünden, versteifen, verstauchen, Bänderrisse können erschwerend hinzutreten. Fragen: »Prellen wir jemanden? Muss wieder etwas eingerenkt werden? Wo ist die Situation gestört?«
Gesicht	Wir können jemandem etwas ins Gesicht sagen oder schleudern. Wir können vielleicht etwas nicht mehr mit ansehen. Bei

	allen Erkrankungen im Gesicht müssen wir prüfen, wo wir etwas nicht akzeptieren oder wo wir einer Konfrontation aus dem Wege gehen wollen. Die Erkrankung zwingt uns, etwas anzuschauen, der Sache ins Gesicht zu sehen.
Haare	Freiheit, Macht (starker Haarwuchs beweist große Nervenkraft).
Hals	Der Hals stützt den Kopf. Man kann halsstarrig sein. Bei Halsbeschwerden wehrt man sich auch gegen Eindrücke, die man nicht zulassen will. Wenn Stimmbänder betroffen sind (Heiserkeit), hat das Problem mit Lebenskraft und Sexualität zu tun. Angina und Halsenge: »Ich kann oder will etwas nicht schlucken.«
Hände	Geben, nehmen, arbeiten, tun, greifen. Bei Problemen: »Wo gebe ich nicht genug? Was will oder kann ich nicht annehmen? Wo sollte ich nachgeben? Wo ergreife ich eine Chance nicht? Wo bin ich handlungsunfähig?«
Haut	Die Haut ist das größte Kontaktorgan des Menschen. Bei Problemen: »Ich muss mich auch mit mir befassen. Was juckt und brennt mich?« Dies gilt auch geistigseelisch. Bei Hauterkrankungen ist der Kontakt gestört. Die Haut dient auch als Projektionsfeld der Nieren: sich unrein fühlen, unsicher sein, sich nicht äußern können. Allergie, Akne und ähnliche Krankheiten sind immer Gefühlsprobleme oder Überempfindlichkeiten.

Herz	Der Mensch hat zwei Zentren: Hirn und Herz, also Verstand und Gefühl. Was das Herz aus dem Takt bringt, ist immer eine Emotion. Es schlägt vor Freude bis zum Hals, bleibt vor Schreck stehen. Herzkranke sind Menschen, die nicht auf ihr Gefühl, sondern nur auf den Verstand hören. Daher wirken sie so »herzlos«. Angina pectoris bedeutet Enge des Herzens = Engherzigkeit, Überbewertung des Ego. Das eigentliche Sein des Menschen kommt zu kurz. Herzkrankheiten zwingen uns, wieder auf das Herz zu hören.
Hüfte	Die Hüfte symbolisiert den Fortschritt. Bei Hüftleiden ist also der Fortschritt, das Fortschreiten behindert, oder man kann sich nicht beugen.
Knie	Bedeutet Demut, auch geistig-seelisch.
Knochen	Festigkeit (knochenhart), Normerfüllung
Kopf	Der Kopf ist die Hauptsache des Menschen, und daher werden fast alle Störungen im Kopf gemeldet. Das macht es gerade schwierig, die Signale richtig zu deuten und zu verstehen. Die Ursachen von Kopfschmerzen sind fast immer Spannungen, geistige Konflikte und äußerer oder innerer Druck.
Krampfadern	Sie zeigen mangelnde Elastizität der Blutgefäße. Blutgefäß: Ich-Grenze, die das Gefäß sich setzt. Probleme in diesem Bereich: innere Haltung/Versteifung auf einen Standpunkt, fehlender innerer Frieden mit einer Aufgabe oder Situation.

Leber	Die Leber ist das Zentrum des physischen Stoffwechsels. Sie hat viele Funktionen: 1. Energieproduktion 2. Energiespeicherung 3. Eiweißstoffwechsel 4. Entgiftung. Die Leber erkrankt durch Maßlosigkeit – zu viel Essen, Trinken, Sex, übersteigerte Expansion, Probleme der Be- und Verwertung.
Lungen	Die Lunge verwertet die eingeatmete Luft (seelische Eindrücke). Bei zu geringer Entfaltung ist die Folge: geringe Lebenskraft, aber auch Depressionen, Selbstmitleid. Lungenemphysem (die kleinen Lungenbläschen platzen): Man kriegt den Hals nicht voll, ist geizig, übernimmt sich, bis man platzt.
Magen	Er nimmt die stofflichen Eindrücke der Welt auf. Er hat den ersten Eindruck zu verarbeiten. Häufigste Störung ist die Übersäuerung: »Ich bin sauer.« Der Magenkranke will Konflikte meiden, er schluckt lieber schneller, empfindet dann Völlegefühl, ist bis oben voll und muss sich Luft machen (aufstoßen). Der innere Druck wird dadurch gemildert. Der Magenkranke muss lernen, sich den Problemen zu stellen und die Konflikte durch bewusstes Verarbeiten aufzulösen. Zu seinen Problemen gehört auch seine Unfähigkeit oder Unwilligkeit, Kritik zu akzeptieren, zu verarbeiten, zu »verdauen«.
Muskeln	Beweglichkeit, Flexibilität, Aktivität
Nase	Macht, Stolz, Sexualität, Selbstgefühl

Nerven	Das vegetative Nervensystem untersteht nicht dem Willen. Über Vagus und Sympathikus stellt es die innere Harmonie her bzw. sucht sie zu erhalten. Das vegetative Nervensystem wird durch unbewusste Konflikte gestört, die man durch Psychohygiene vermeiden kann. Funktionsstörungen der Organe sind immer auch vegetative Störungen. Das Zentralnervensystem befähigt uns, über die Sinne die Außenwelt wahrzunehmen und durch Bewegung darauf zu reagieren. Bei Störungen ist an falsche Wahrnehmungen oder Reaktionen zu denken.
Nieren	Die Nieren reinigen das Blut. Nierenprobleme zeigen zwischenmenschliche Probleme, Partnerprobleme, einen Gefühlskonflikt oder eine Idealkollision. Unreine Gedankenformen sind zu bereinigen, falsches Verhalten zu beenden, Angst aufzulösen und Geschehnisse zu akzeptieren. Wer betrügt, bekommt Nierenprobleme. Männer haben etwa viermal mehr Nierenprobleme als Frauen. Wanderniere: unbestimmter Standort in Partnerfragen. Schrumpfniere: Ausdruck der Unfähigkeit, die Partnerprobleme zu lösen.
Ohren	Hören, Wahrnehmen, Horchen. Kinder haben Ohrenentzündungen, wenn sie nicht horchen oder gehorchen wollen. Ohren sind auch Gleichgewichtsorgane. Wenn es schwer fällt zu gehorchen, führt dies zum Nicht-mehr-hören-Können (vielfach im Alter).

Penis	Macht
Scheide	Hingabefähigkeit, man muss sich öffnen, die Bereitschaft und die Fähigkeit zeigen loszulassen.
Schilddrüse	Sie regelt die Alarm- und Kampfbereitschaft. Störungen treten auf, wenn Ängste nur durch größere Anstrengungen und immer mehr Verantwortung überwunden werden – auch bei Angst oder Unfähigkeit, sich selbst verteidigen zu können, Unfähigkeit, vertrauen zu können, und Angst, belogen zu werden.
Schultern	Sie tragen Verantwortung. Bei Problemen sollte man sich fragen: »Was kann ich nicht mehr tragen oder ertragen?«
Wirbelsäule	Sie ist das Symbol für inneren Halt, aber auch für geistige Beweglichkeit oder Halsstarrigkeit. Sie ist auch ein Symbol unserer Beziehung zu Gott. Verdrängte Aggressionen, Flucht und Ausweichreaktionen sowie andere Spannungen werden auf die Wirbelsäule projiziert. Jede geistig-seelische Fehlhaltung zeigt sich unmittelbar über die Wirbelsäule in unserer körperlichen Haltung. Hier wird alles sichtbar gemacht, was unsere Haltung verändert.
Zähne	Sie sind Symbole des Angreifens und Zupackens, auch der Energie und Vitalität, ein Ausdruck des Willens, sich durchzubeißen. Schlechte Zähne zeigen, dass wir uns nicht genügend durchbeißen.

224 Verstehen, was der Körper will

Zahnfleisch	Schlechtes Zahnfleisch: Es fehlt an innerem Halt, an Selbstsicherheit und Urvertrauen. Träumt man, dass Zähne ausfallen, bedeutet das Mangel an Lebenskraft.
Zwölffingerdarm	Hier zeigt sich eine mangelnde, unzureichende oder falsche Auseinandersetzung sowie die Unfähigkeit oder Unwilligkeit, sich mit den Lebensumständen auseinander zu setzen. Unterdrückter Ärger, Stress, Hektik – also die Folgen von fehlender oder unzureichender Auseinandersetzung mit den Eindrücken – führen zu Zwölffingerdarmbeschwerden. Bei häufiger Wiederholung können Geschwüre entstehen.

Die wichtigsten Symptome von A bis Z und ihre geistigen Entsprechungen

Adipositas (Fettsucht)	Innere Leere, Liebeshunger, Verlangen nach Zärtlichkeit, »Ich-Schwäche«, falsches Selbstbild
Akne	Kontaktschwierigkeiten, Körperkonflikt, geistige Verunreinigung
Alkoholsucht	Suche nach »sich selbst«, Gefühl der Überforderung; mangelnde Bereitschaft, sich den Problemen des Lebens zu stellen
Allergie	Überempfindlichkeit, Aggression, Abwehr, verdrängte Angriffslust, Angst vor dem Leben
Altersbeschwerden	Ungelöste Lebensaufgaben, mangelndes Loslassen, Folgen von Jugendsünden

Anämie	»Ich-Schwäche«, mangelnde Anteilnahme, Lustlosigkeit
Angst	Enges Bewusstsein, ungelöste Lebensaufgaben, fehlendes »Selbst-Bewusstsein«
Arthritis	Mangelnde Beweglichkeit, Starrheit, Eigensinn, fehlende Wärme, enge Normen und Begrenzungen
Arthrose	Geistig-seelische Verformung, Deformation des eigenen Seins, Fehlhaltung, Schwerfälligkeit
Asthma	Verdrängter Dominanzanspruch, verdrängte Aggressionen, ungestilltes Bedürfnis nach Freiheit
Bettnässen	Weinen mit der Blase, Protest gegen falsche Behandlung und Missstände, Überforderung, innerer Druck
Bindegewebsschwäche	Ich verletze mich selbst durch zu große Nachgiebigkeit, Empfindlichkeit, mangelnde Flexibilität, bin nachtragend.
Bindehautentzündung	Mangelnde Bereitschaft, einen Konflikt anzuschauen, Überforderung, Nicht-einverstanden-Sein
Blähungen	Konfrontation mit Unverdaulichem, innerer Druck durch Widerstand, ungenügende Toleranz
Blindheit	Aufforderung, die »geistige Sicht« zu stärken, die Wirklichkeit mit dem »inneren Auge« zu sehen.
Blutdruck (hoher)	Übersteigerte Dynamik, unterdrückte Aggressionen, beherrschte Gefühle, Ehrgeiz, mangelnde Flexibilität

Blutdruck (niedriger)	Mangelnde Konfrontation mit Konflikten. Ungenügende Dynamik und Aktivität. Man entzieht sich der Situation.
Depression	Unterdrücktes setzt mich unter Druck. Ich bin nicht »ich selbst«, lasse meine Gefühle nicht zu, lebe nicht wirklich.
Diabetes	Ungelöste Liebesfähigkeit; Enttäuschung, sich als unwert fühlen. Aufforderung, sich selbst zu lieben, das Leben zu genießen.
Dickdarmentzündung	Angst, zur eigenen Meinung zu stehen, fehlendes Durchsetzungsvermögen, will Auseinandersetzungen vermeiden.
Durchfall	Angst, Unfähigkeit oder Unwillen, sich mit den Dingen auseinander zu setzen, Lebensangst, mangelnde Flexibilität
Erkältung	Aufforderung, sich mehr mit sich selbst zu befassen, sich zuzulassen, nichts Fremdes und Falsches hineinzulassen.
Frigidität	Zu viel Kontrolle und Selbstbeherrschung, verdrängte, unbewusste Verhaltensmuster, Ablehnung, Unwille, »unterlegen« zu sein
Gallenstörung	Ärger und Aggressionen, die geschluckt werden. Man muss lernen, sich zu »äußern«, zu sich zu stehen und sich »auszudrücken«.
Geburt (Frühgeburt)	Unbewusste und verdrängte Ablehnung, Ablehnung von Verantwortung, Angst vor der Veränderung
Gicht	Inflexibel gewordenes Bewusstsein. Aufforderung, seine herrische und dominante Art abzulegen, in sich zu gehen.

Gürtelrose	Hilferuf: »Ich brauche und suche Kontakt.« Angst, Misstrauen, Abwehr des Kontaktes, gedanklicher und gefühlsmäßiger Teufelskreis
Haarausfall	Erschöpfung, fehlende Lebenskraft, Mangelernährung, Einengung, belastete Psyche
Hautausschlag	Aufforderung, sich mehr mit sich zu befassen. Etwas »juckt« mich, das sich nicht länger verdrängen lässt.
Heiserkeit	»Sprachlosigkeit«, Gefühl der Machtlosigkeit; Gefühl, nichts mehr zu sagen zu haben, innere Konflikte
Herpes Simplex	Akute innere Auseinandersetzungen, Unzufriedenheit oder Aggressionen, geistig-seelische Spannungen, innere Konflikte
Herzinfarkt	Durch innere Blockaden kann das Leben nicht ungehindert und frei fließen, Kopflastigkeit. Man muss mehr auf sein Herz, seine Gefühle hören.
Herzrhythmus-störungen	Ich bin aus meinem Rhythmus gefallen. Verstand und Gefühl sind nicht im Gleichgewicht. Ich bin wenig verrückbar, zu starr geworden.
Impotenz	Angst, Leistungsdruck, Schuldgefühle, Unerfahrenheit, falsche Erwartungshaltung, Unsicherheit, Verständnislosigkeit
Infektionen	Akute, unbewusste Auseinandersetzungen. Aufforderung, sich einer Aufgabe zu stellen, sich zu entscheiden und konsequent zu sein.

Ischiasbeschwerden	Tatsächliche oder empfundene Überlastung, etwas »nervt« mich, Minderwertigkeitsgefühl, Angst, zu viel Verantwortung, innerer Druck
Juckreiz	Etwas »juckt« mich, fordert mich auf, mich mit mir zu »befassen«. Ich fühle mich vernachlässigt, brauche Nähe und Kontakt.
Karies	Mangel an Festigkeit, Härte und Substanz. Ich weiche Schwierigkeiten aus, verdränge Probleme, statt sie zu lösen.
Knochenbrüche	Ich habe mich auf etwas »versteift«, Mangel an Elastizität, habe mit etwas Vergangenem »gebrochen«, Neubeginn.
Kopfschmerz und Migräne	Ich »zerbreche mir den Kopf«. Spannungen, zu viel Überlegung und gedankliche Überaktivität, überzogener Ehrgeiz, zu viel wollen.
Kinderkrankheiten	Anpassungsprozess an die Welt, Reifeschritt, Auseinandersetzung mit den Gegebenheiten
Krampfadern	Versteifung auf einen bestimmten Standpunkt, mangelnde Elastizität und Spannkraft, innere Ablehnung der gegebenen Situation
Krebs	Nicht bewältigte persönliche Situation, reduzierte Abwehrlage, innere Isolation, das Wuchern negativer Gefühle
Kreislaufstörungen	Energie- und Antriebslosigkeit, Widerwille, Abwehr oder Gleichgültigkeit, Lustlosigkeit, Ablehnung von Verantwortung

Kurzsichtigkeit	Angst vor der Außenwelt, Leistungsdruck, Stress, fehlende »Weitsicht«. Die Hemmung, Angst und Aggressionen frei zu äußern.
Lähmung	Tief sitzende Angst, geistig-seelische Unbeweglichkeit. Ich lasse mein Sosein nicht zu. Gefühlsblockade, innerer Druck.
Leistenbruch	Ich bin dem Druck und der Belastung nicht mehr gewachsen. Etwas in mir ist »zerbrochen«. Hang zur Selbstbestrafung, »Überheblichkeit«.
Magenschleimhautentzündung	Ärger, Wut, Angst, Aggressionen, Hektik, keine Zeit, etwas zu »verdauen«, Nicht-einverstanden-Sein, geschluckte Konflikte
Magersucht	Frei sein wollen von allem Schlechten, Niedrigen, Körperlichen. Hohe Ideale, Ablehnung von Beziehung und Bindung
Mandelentzündung	Ich kann oder will etwas nicht mehr schlucken, fühle mich unverstanden. Aufgabe, meine Einmaligkeit zum »Aus-Druck« zu bringen.
Menstruationsbeschwerden	Ablehnen des Frauseins, mangelnde Aufgeschlossenheit für etwas Neues, Angst vor Verantwortung. Aufforderung, die Enge des Bewusstseins aufzulösen.
Minderwertigkeitsgefühl	Glaube, nicht liebenswert zu sein, fehlende Selbstliebe, negatives Selbstbild. Aufforderung, zu erkennen, wer ich wirklich bin.

Multiple Sklerose	Isolation durch Verhärtung, Dominanzanspruch. Ich lehne Teile meines Soseins ab, lasse mich nicht zu. Oft hartes Urteilen.
Muskelkrämpfe	Geistig-seelische Fehlhaltung, Einseitigkeit, zu viel Ehrgeiz, überzogenes Wollen, störrisches und verkrampftes Verhalten
Muskelschwund	Verlust der Handlungsfähigkeit; Weigerung, Aufgaben und Probleme zu lösen; Angst vor Misserfolg und Konsequenzen
Nachtblindheit	Aufforderung, meine Sicht der Dinge zu ändern, die Augen zu öffnen für alle Dinge des Lebens, die Dinge in »einem anderen Licht« zu sehen.
Nackenbeschwerden	Hinweis auf »Hartnäckigkeit«, Eigensinnigkeit, Starrsinn, geistige Unbeweglichkeit. Man muss toleranter und geduldiger werden.
Nägelkauen	Innere Spannungen und Aggressionen, Hinweis auf vermeintliche oder tatsächliche ungerechte Behandlung, ungelöste Auseinandersetzungen
Nervosität	Angst, Stress, Überlastung, befürchtete Konsequenzen, falsche Ernährung, innerer Druck, Mangel an innerer Ruhe und Gelassenheit
Ohnmacht	Sich ausgeliefert fühlen, handlungsunfähig sein, Flucht in die Verantwortungslosigkeit, sich einer Situation entziehen wollen, Überforderung
Ohrenschmerzen	Ungelebter innerer Konflikt, fehlender Gehorsam. Aufforderung, mehr nach innen zu hören. Ich höre zu viel auf Wünsche anderer.

Ordnungsliebe *(übertriebene)*	Innere Unsicherheit, Suche nach Halt, Wunsch nach Anerkennung und Leistung, ungeordnete Innenwelt, fehlendes Gleichgewicht
Parkinsonsche Krankheit	Ich bin ein von gegensätzlichen Kräften bewegtes Wesen. Konfliktsituation ohne Aussicht auf Lösung, will etwas »abschütteln« und loswerden.
Parodontose	Mangelnder innerer Halt, Empfindlichkeit; Unfähigkeit, sich »durchzubeißen«, fehlendes Urvertrauen. Aufforderung, zuzupacken.
Prostata-beschwerden	Zeichen von innerem Druck. Ich kann nicht, wie ich will, kann nicht mehr »meinen Mann stehen«. Ich muss aufhören, Erwartungen erfüllen zu wollen.
Reisekrankheit	Mangelnde Bereitschaft oder Fähigkeit loszulassen; unbewusster Wille, alles kontrollieren zu wollen, Gefühl des Ausgeliefertseins, der Unentrinnbarkeit
Regelstörungen	Unzufriedenheit mit meiner Rolle, Eigenwilligkeit, mangelnde Bereitschaft zur »Hingabe«
Rheuma	Aggressive Impulse führen zu Muskelspannungen; angestaute Wut, Ärger, Aggressionen, Bitterkeit, Rachsucht, innere Blockaden
Rückenprobleme	Geistige Überlastung, Frustration, zu viel Verantwortung, fehlende Unterstützung, Ängste, Schuldgefühle, Abneigung
Schielen	Aufforderung, geistig flexibler zu werden, die Wirklichkeit hinter dem Schein zu erkennen, die Dinge richtig einzuordnen.

Schilddrüsen-überfunktion	Unterdrückung aggressiver und ablehnender Gefühle; Alarmzustand und innere Überaktivität, dauernde »vegetative Kampfbereitschaft«
Schlaflosigkeit	Angst, »künstliches Selbstbild«, Wille zur Kontrolle, ungeeignete Umstände (Bett, Geräusche, Temperatur). Man muss lernen loszulassen, sich hinzugeben.
Schlaganfall	Ein Bereich des Lebens ist abgestorben, emotionale Unfähigkeit oder Unwilligkeit, »Betriebsblindheit«, Ablehnung.
Schluck-beschwerden	Mangelnde Bereitschaft, bestimmte Umstände zu akzeptieren, Ablehnung der Tatsachen.
Schmerzen	Unübersehbare Mahnung, eine Botschaft des Körpers zu beachten, aber auch Chance zur Trans-Formation. Zeichen von Stauung oder Blockade
Schnupfen	Man hat »die Nase voll« von etwas. Die Dinge sind »in Fluss« gekommen. Innerer Reinigungsprozess.
Schuppenflechte	Suche nach Nähe und Zuneigung, Angst vor dem Verletztwerden, Schutzpanzer. Aufforderung, aus seinem Schneckenhaus herauszukommen.
Schwangerschafts-probleme	Angst vor den Veränderungen und Konsequenzen, Hängen am Alten und Vertrauten, mangelnde Bereitschaft, in einen neuen Bereich des Seins einzutreten.
Schwerhörigkeit	Aufforderung, auf die feinen Nuancen des Lebens zu achten. Nicht-hören-wollen. Ich glaube, »ich höre nicht richtig«.

Schwindel	Fehlendes inneres Gleichgewicht; Gefühl, zu wenig Aufmerksamkeit zu bekommen. Ich möchte, dass sich »alles um mich dreht«. Mangelndes Selbstvertrauen.
Sehnenscheidenentzündung	Ich habe die Empfindung, man verlangt zu viel von mir. Ablehnende geistige Haltung gegenüber der Arbeit. Ich fühle mich ausgenutzt und überfordert.
Sodbrennen	Ablehnung, Aggression, Ärger, Konfrontation mit einer ungeliebten Situation, Mutlosigkeit
Sucht	Sehnsucht nach »sich selbst«, Art der Sucht zeigt die Qualität meiner Sehnsucht, mangelndes »Selbst-bewusst-Sein«
Star (grauer)	Störung des Stoffwechsels, geistig-seelischer »Bewegungsmangel«, erstarrte Ansichten. Aufforderung, mehr Anteil zu nehmen und zu geben.
Star (grüner)	Innerer Druck durch Gefühlsblockade, tief sitzende Depression, ungelöste und unterdrückte Aufgabe, fehlende »Ent-Spannung«
Stottern	Angst vor angestauten Gefühlen, vor Animalischem, Triebhaftem, Körperlichem. Wunsch nach Kontrolle. Man muss lernen, zu sich zu stehen.
Stress	Vergeblicher Versuch, in einer bestimmten Zeit mehr zu leisten, als geleistet werden kann, falscher Ehrgeiz, Perfektionismus.

Thrombose	Ein präzise lokalisierbares Problem blockiert den freien Fluss der Dinge, festgefahrene Ansichten, unbeweglicher Standpunkt.
Trigeminus-Neuralgie	Man überfordert sich im Zwang zu dienen, lehnt sich dabei ständig gegen das eigene Verhalten auf, Idealkollision, Angst vor Konsequenzen.
Übelkeit und Erbrechen	Wunsch, etwas wäre nicht geschehen. Etwas »zum Kotzen finden«, nicht einverstanden sein mit den Umständen; Abwehr, Ablehnung.
Unfälle	Ich habe »den Halt verloren«, bin »ins Schleudern geraten«, wurde »aus der Bahn geworfen«, fehlende Harmonie mit mir selbst.
Unfruchtbarkeit	Mangelnde Bereitschaft, einen Teil meiner Freiheit aufzugeben; Angst vor Verantwortung; Verstand und Gefühl sind nicht in Harmonie, nicht einig.
Verdauungs-beschwerden	Geistige Überfütterung, Unfähigkeit oder Unwilligkeit, Kritik zu verdauen, Aggressionen, kann nicht loslassen
Waschzwang	Gefühl der realen oder eingebildeten Schuld; Wunsch, sich »reinzuwaschen«, schlechtes Gewissen; Zwang, etwas »gutzumachen«
Weitsichtigkeit	Zurückgehaltene Wut und Ärger, die nicht geäußert werden (können); Neigung, ständig über etwas »hinwegsehen« zu müssen, Verhärtung in der geistig-seelischen Haltung

Die Sprache des Lebens

Das Leben spricht ständig und auf allen Ebenen zu uns

Das Leben schickt entweder: ein Angebot, eine Chance, eine Möglichkeit, ein »Handzeichen«, eine Aufforderung, einen Anstoß, eine Mahnung, eine Erinnerung, einen Schubs, einen Tritt, einen Schicksalsschlag, »Nachhilfeunterricht«.

Oder: eine Bestätigung, Bestärkung oder Zustimmung.

Je mehr wir uns auf das Leben einlassen, je mehr »Tiefgang« wir im Strom des Lebens haben, desto stärker spüren wir die »Strömung«, desto stärker spüren wir, dass wir getragen werden.

Wir empfangen auf allen Ebenen ständig Botschaften, nehmen sie aber nicht immer wahr, weil wir abgelenkt, beschäftigt sind.

Dabei gibt es verschiedene Zeitebenen:

Ich *bin* unmittelbar im »Einklang« mit dem Leben.

Ich *denke* und weiß einen Augenblick später, ob es »stimmt« oder nicht.

Ich *fühle* es bald danach, wenn es stimmt, als Wohlgefühl, Freude, Gesundheit.

Ich *erlebe* es kurz darauf energetisch, als Energie, Motivation, Lebensqualität.

Ich *erfahre* es nach einiger Zeit sichtbar als Ereignis, Geschehen, Lebensumstand, »Eindruck«, Ding, Begegnung.

Ich *erinnere* es noch später als Vergangenheit, Erinnerung, Jugend, als Gewesen.

Das Leben benutzt viele verschiedene Kanäle und Kommunikationsformen: Es ist wie *Telepathie* auf der »ICH-BIN-Ebene«; ich erlebe die Botschaft unmittelbar, ohne Zeitverzögerung, wenn ich »ICH-SELBST« bin.

Das Leben sendet die Botschaft aber auch über *Telefon*, das ist die mentale Ebene, dann weiß ich sie auch.

Oder es schickt eine Bestätigung über *Fax*, dann fühle ich sie auch.

Oder es schickt die Botschaft schriftlich als *Brief*. Dann geschieht etwas.

Oder es sendet sie über *Radio*, dann höre ich etwas durch einen anderen, bekomme eine Information.

Oder es sendet sie über *Fernsehen*, dann erlebe ich sie über ein »Du«, über einen anderen.

Oder es schickt mir ein *Paket*. Das sind dann die Lebensumstände, die sichtbar gewordene Ereignisse, Dinge, Begegnungen, Vorgänge, Eindrücke.

Ich kann die Botschaft später auch über *Video* abfragen, kann mir die »Aufzeichnungen« des Lebens anschauen, zum Beispiel über Rückführungen in vergangene Situationen oder frühere Leben.

Ich kann sie auch jederzeit über *Tests* sichtbar machen.

Oder ich kann sie über ein *Orakel*, Tarot, I-Ging usw. abfragen, kann die Bibel aufschlagen oder ein Buch.

Oder sie kann mir als *Symbol* sichtbar werden, als Zeichnung, Traum usw.

Worauf es ankommt, ist, die Botschaft und Konsequenz nicht nur zu erkennen, sondern auch zu befolgen!

Was alles als Sprache des Lebens gedeutet werden kann

- Die Botschaft meines Körpers
- Ort und Art des Symptoms sind weitere Botschaften.
- Aber auch das Aussehen meines Körpers. Inhalt und Form sind identisch. So werden Charakter und Verhalten sichtbar.
- Die Botschaft der Lebensumstände
- Die Botschaft meiner Probleme
- Die Botschaft meiner »Zufälle«
- Die Botschaft meiner Partnerschaft/Familie/Freundschaften
- Die Botschaft meines Berufes, meiner Berufung
- Die Botschaft meiner Wünsche, Träume und Visionen
- Die Botschaft von Glück und Pech in meinem Leben
- Die Botschaft des »Nachhilfeunterrichtes«
- Worin unterrichten mich Dr. Krankheit und Dr. Leid?
- Welche Probleme/Aufgaben wiederholen sich immer wieder?
- In welche Situationen gerate ich immer wieder?
- Welche Lektion erhalte ich gerade von Dr. Alltag?
- Das eigene Leben als mein individueller Einweihungsweg
- Die Botschaft meines persönlichen Erfolges

- Die Botschaft meines Wohlstandes/Reichtums
- Die Botschaft meiner Vorlieben und Ablehnungen
- Die Botschaft meiner Hobbys
- Die Botschaft der Freude in meinem Leben, was, wann, wie, wo?
- Die Botschaft meiner Ernährung als Spiegel meines Bewusstseins
- Die Botschaft meiner Kleidung: Art, Farben, Schmuck
- Die Botschaft meiner Wohnung, Nachbarn
- Die Botschaft meiner »inneren Bilder«
- Die Botschaft der Intuition
- Die Botschaft des Ärgers
- Die Botschaft der Energien in meinem Leben
- Die Botschaft über das Tarot, ein zufällig aufgeschlagenes Buch usw.
- Die Botschaft meiner Empfindlichkeiten
- Die Botschaft meiner Haustiere
- Die Botschaft meiner Beziehungen zu Mutter, Vater, Geschwister
- Die Botschaft meiner Prägungen und Verhaltensmuster
- Die Botschaft meiner Lieblingsdinge (Farbe, Land, Musik usw.). Warum?
- Die Botschaft meiner Hindernisse und Blockaden
- Die Botschaft: Wer sitzt neben mir? Wo sitze ich? Warum?
- Was mag ich an mir/den anderen, und was mag ich nicht? Warum?
- Wie ist mein Hotelzimmer? Der Portier? Meine Laune?
- usw.

Heil-Sätze:
mehr als Gesundheits-Affirmationen

Es fällt nicht jedem leicht, immer im Bewusstsein zu bleiben und so ständig Heilung geschehen zu lassen. Eine sehr nützliche Hilfe, diese »zwei Welten«, den Alltag und das Bewusstsein, miteinander zu verbinden, ist das laute und langsame Aussprechen von *Heil-Sätzen*.

Ich spreche von »Heil-Sätzen«, da der übliche Begriff der »Gesundheits-Affirmationen« sehr leicht missverstanden wird. Affirmationen werden häufig als »Gegenprogrammierungen« gegenüber negativen Glaubenssätzen oder Gefühlen verstanden. Hat jemand zum Beispiel ständig Angst, krank zu werden, so mag es ganz hilfreich sein, immer wie eine Gebetsmühle vor sich hin zu sagen: »Ich bin gesund. Ich bin gesund. Ich bin gesund …« Doch solche »Suggestionen« können auch von einem Energiefeld begleitet sein (und sind es leider häufig), das wenig gesundheitsförderlich ist. Als »Echo« auf solche Suggestionen hören Sie dann in sich: Das glaubst du doch selbst nicht! Das redest du dir doch nur ein! Das ist Trickserei und funktioniert nie! Oder etwas Ähnliches, was Sie sicher leicht ergänzen können.

Doch genau die gleichen Sätze (»Ich bin gesund. Ich bin gesund. Ich bin gesund …«) können auch von einem heilsamen Energiefeld begleitet sein und unterstützt werden. Dann wirken sie wirklich als Heil-Sätze. Ich will den Unterschied noch einmal bewusst machen:

Es geht nicht darum, uns irgendetwas einzureden oder unser Unterbewusstsein zu überlisten. Es geht vielmehr darum, **eine tiefe Wahrheit, die eine Wahrheit unseres wahren Wesenskerns ist, in Worte zu kleiden.** Bewusstsein hat die Heil-Energie »ICH BIN gesund.« (Fügen wir hinzu: ... und was ich sage, ist das Gesetz!). Die hier verwendeten Heil-Sätze, die ich aus verschiedenen Traditionen neu zusammengestellt und aus meiner eigenen Erfahrung ergänzt habe, bringen die Energie des heilenden Bewusstseins zum Ausdruck. Beim Rezitieren dieser Heilsätze gehen (oder bleiben) wir in Verbindung mit unserem Bewusstsein.

Spüren Sie die tiefe Wahrheit Ihres Wesenskerns, wenn Sie nun die folgenden Heil-Sätze laut und langsam vorlesen:

1. BEWUSST-SEIN ist meine Gesundheit, in diesem Augenblick.
2. BEWUSST-SEIN ist meine Stärke; ich fließe vor Vitalität über.
3. Jeden Tag und in jeder Beziehung geht es mir immer besser und besser.
4. Ich liebe meinen Körper und behandele ihn wie einen heiligen Tempel.
5. Mein Körper hat genau die richtige Größe und Form.
6. Ich bin ein kraftvoller Mensch.
7. Alle Zellen meines Körpers werden täglich von meinem vollkommenen BEWUSST-SEIN durchströmt.

8. Ich bin gesund, glücklich und strahlend.

9. Ich strahle gute Gesundheit aus.

10. Mein Körper ist ein sicherer und angenehmer Ort für mich.

11. Mein Schlaf ist entspannt und erfrischend.

12. Ich habe die nötige Energie, die ich zur Erreichung meiner Ziele und zur Erfüllung meiner Wünsche brauche.

13. Die Liebe heilt mich und macht mich ganz.

14. Mein Körper ist geheilt, wiederhergestellt und energiegeladen.

15. Der göttliche Atem fließt durch mich und segnet mich.

16. Ich bin ein Kanal für Liebe und Heilung.

17. Ich folge dem schöpferischen Plan, und alle Teile meines Lebens ordnen sich von selbst.

18. Alles, was ich brauche, wird mir zur rechten Zeit zuteil.

19. Alles ist gut in meinem Leben; ich bin wirklich gesegnet.

20. Alle Dinge wirken zusammen für das Gute in meinem Leben.

21. Das Universum erhält und schützt mich zu jeder Zeit und an allen Orten.

22. Alles, was mein Herz sich wünscht, wird wahr.

23. Wenn eine Tür zufällt, öffnet sich eine andere. Immer wenn ich etwas, das mir wertvoll scheint, verliere, schafft es nur Platz für etwas Besseres.

24. Ich werde von Schutzengeln geleitet.

25. Im Hier und Jetzt zu leben heilt meine Angst vor dem Unbekannten.

26. Wenn ich meine Heilung an die erste Stelle setze, werden sich alle anderen Bedürfnisse erfüllen.

27. Höhere Weisheit wird täglich in allen Aspekten meines Lebens erkennbar.

28. Ich bin es wert, die unbegrenzten Angebote des Universums zu erhalten.

29. Ich sehe in allen Problemen ein verborgenes Geschenk zum Wachsen.

30. Ich horche in mich hinein und führe vertrauensvoll aus, was ich höre.

31. Ich bestehe einzig auf dem Besten für mich und die anderen.

32. Gottes Weisheit erhellt mich und erleuchtet meinen Weg.

33. Wenn ich meinem Herzen folge, unterstützt mich das Universum.

34. Ich lasse los und übergebe alles voller Vertrauen an das Leben.

35. Meine Ausdauer und Entschlossenheit wirken Wunder.

36. Alles entwickelt sich vollkommen.

37. Das Leben hält großartige Dinge für mich bereit.

38. Ich sage Dank für alles.

39. Ich begrüße Veränderungen in meinem Leben.

40. Ich lerne aus jeder Situation, die mir begegnet.

41. Ich lasse das Alte los und mache Platz für das Neue.

42. Ich vergebe mir und anderen. Ich bin frei.

43. Vergebung ist ihre eigene Belohnung.

44. Ich segne alle und vergebe allen, die mir Schmerzen bereitet haben.

45. Wie ich vergebe, so ist mir vergeben.

46. Wo ich auch hinschaue, sehe ich Gelegenheiten zu dienen.
47. Mein Wille und der göttliche Wille sind eins.
48. Ich bin ständig verbunden mit meinem höheren Zweck.
49. Immer wieder ergeben sich gute Chancen für mich.
50. Mein Glaube macht mich heil.

Bitte experimentieren Sie nun einmal mit sich selbst:

- Streichen Sie die Sätze, mit denen Sie überhaupt nichts anfangen können.

- Formulieren Sie andere Sätze um, sodass diese Sätze für Sie stimmen. Wenn Sie mögen, schreiben Sie an vielen Stellen GOTT; wenn nicht, schreiben Sie DAS LEBEN, was immer für Sie stimmt.

- Wenn Sie 21 Sätze, die für Sie stimmig sind, zusammengestellt haben, lesen Sie diese Sätze zunächst einmal suggestiv, als wenn Sie sich diese Sätze »einhämmern« wollten.
  Was fühlen Sie dabei? Stimmigkeit? Freude? Oder Widerstand? Innere Kritik?

- Dann lesen Sie die Sätze einmal ganz anders. Stellen Sie sich vor, die Sätze wären eine heilige Offenbarung, und Sie verkünden diese Offenbarung in der Welt. Lesen Sie langsam, singen Sie mehr, als dass Sie sprechen. Es ist wie ein Kanon, vielleicht wie ein gregorianischer Gesang. Was spüren Sie *jetzt* dabei? Geht Ihnen ein Schauer über den Rücken? Spüren Sie die hohe Energie der Worte?

- Machen Sie beide Lesarten möglichst extrem: das Einhämmern der Sätze einerseits – das »Singen« genau der gleichen Sätze andererseits. Spüren Sie den Unterschied zwischen Suggestion und Heil-Sätzen?

Nur so kann es funktionieren. Wenn Sie so Ihre persönlichen Heil-Sätze gefunden haben, dann lesen (»singen«) Sie sich diese Sätze so oft wie möglich vor. Denken Sie dabei am besten an die Rezitation heiliger Worte. Machen Sie daraus ein tägliches Ritual! Ändern Sie immer wieder die Worte. Nehmen Sie Sätze heraus und ergänzen Sie durch andere. Erstellen Sie sich so Ihr *persönliches Heilungsbekenntnis*.

Heilung geschehen lassen

Was von dem Gelesenen sind Sie bereit zu tun? Bereit zu tun meint nicht, es einmal »auszuprobieren«. Das zählt nicht. Das heißt in Wirklichkeit: nichts tun.

Es geht vielmehr darum, sich die hier als richtig erkannten Maßnahmen zur Gewohnheit zu machen, weil Sie sagen:»Das erachte ich als so wichtig, das integriere ich jetzt in mein Leben.« Sie nehmen von diesem Text nur wirklich mit, was Sie sich zur festen Gewohnheit machen. Alles andere verschwindet wieder wie Schnee, der im Frühling taut.

Was sind Sie also ernsthaft bereit zu tun?

Mein persönlicher Gesundheitsplan, Teil 4	Mache ich schon	Mache ich JETZT!
Die Botschaften des Körpers erkennen: Ursachen heilen statt Symptome beseitigen.		
Die 7 Schritte zur wahren Heilung verstehen.		
Die Sprache des Lebens verstehen lernen: Wie spiegelt mich mein Leben?		

Mein persönlicher Gesundheitsplan, Teil 4	Mache ich schon	Mache ich JETZT!
21 stimmige Heil-Sätze erstellen.		
Täglich mein Heilungsbekenntnis laut rezitieren.		
Heilung bewusst geschehen lassen.		

Zusammenfassung:
Die Hauptrolle im Spiel des Lebens spielen

Die Grundregel für ein Leben in Gesundheit ist seit Jahrtausenden bekannt, »natürlich leben«, und doch sind die meisten Menschen krank, und das nicht nur physisch. Sie sind auch mental und emotional schwach und spirituell verarmt, haben ihr großartiges geistiges Erbe noch gar nicht erkannt und angetreten. Selbst wenn sie diese Grundregel der Gesundheit kennen, befolgen sie sie nicht. So kann man sagen, der Mensch stirbt nicht an seinen Krankheiten, sondern an seinem Charakter.

Wenn jemand einen unerfreulichen Umstand oder ein unerfreuliches Erlebnis verarbeitet, kann es ihn nicht mehr »kränken«. Verdrängt er es aber nur, so sucht es sich einen Ausweg über den Körper – er wird krank. Jede Krankheit ist daher immer die körperliche Reaktion auf ein ungelöstes Problem, und jedes Problem ist eine »Aufgabe« des Lebens, eine Mahnung, zu tieferer Ein-Sicht zu kommen, und eine Chance zu weiterer Vervollkommnung. Hier erkennen wir auch den engen Zusammenhang zwischen *Gesundheit* und *Gesinntheit*. Denn die Kraft, die sich durch unser falsches Denken und Handeln als Krankheit oder negativer Lebensumstand auswirkt, ist die gleiche Kraft, die sich bei positivem Denken und

Handeln als Gesundheit und Glück manifestiert. Der Unterschied liegt also nicht in der Kraft, sondern in der Art unseres Umgangs mit dieser Kraft.

Im »Tagebuch unseres Körpers« steht unsere Lebensgeschichte getreulich aufgezeichnet. Unser Körper ist nur der sichtbare Ausdruck unseres Bewusstseins. Im Körper entsteht kein Problem, er ist immer nur die Projektionsfläche. Der Körper selbst kann gar nicht krank werden, denn er hat keine Entscheidungsfreiheit, er spiegelt nur den jeweiligen Bewusstseinszustand wider. Jedes Symptom ist eine Botschaft, eine »In-Formation«, und erzwingt notfalls über den Schmerz die Aufmerksamkeit. Natürlich ist es nicht sinnvoll, eine Nachricht zu unterdrücken. Indem wir sie befolgen, machen wir sie überflüssig. Auch bei einer Maschine haben wir den größten Nutzen, wenn wir sie richtig »bedienen«. Dabei sollten wir nicht Ursache und Auslöser verwechseln.

So ist jede Krankheit eine Botschaft von unserem Freund, dem Körper, und das Symptom wird zum Lehrer, der uns helfen will, heiler und damit vollkommener zu werden. Heilung bedeutet immer, vollkommener im Bewusstsein zu werden. Es kommt nicht darauf an, etwas zu unterdrücken, sondern »Unheil« abzuwenden und heiler zu werden, vollkommener.

So wie das »Unheil-sein« aus dem Bewusstsein kommt, so kann auch das Heilwerden nur aus dem Bewusstsein kommen. Bewusstsein ist weder vom Körper abhängig, noch ist es ein Produkt des Körpers. Der Inhalt des Bewusstseins ist die »Information«, die der Körper ins Sichtbare übersetzt. Der Körper kann ohne Bewusstsein nicht leben, aber auch nicht krank werden.

Weder Blech noch Farbe und Gummi bilden ein Auto. Vielmehr benutzt der Mensch dieses Material, um die Idee des Autos zu verwirklichen. Ebenso bilden weder Bakterien noch Viren oder Erdstrahlen eine Krankheit. Wir benutzen sie nur als Hilfsmittel, um unser Kranksein zum Ausdruck zu bringen. Und so wie die Warnlampen im Auto Signale sind, die einen Mangel aufzeigen, so sind auch Ärger, Hass, Neid oder Aggressionen Signale, die einen Mangel aufzeigen, den es zu beseitigen gilt. Krankheit ist nicht nur ein körperlicher, sondern ebenso ein geistig-seelischer Reinigungsprozess und damit ein aktiver und hilfreicher Schritt auf dem Weg zu Gesundheit und Vollkommenheit.

Habe ich hinter meinen Gallenbeschwerden meine Aggressionen als Ursache erkannt, sollte ich mich nicht fragen: Wie werde ich meine Aggressionen so schnell wie möglich wieder los, sondern: Welchen Aspekt von mir lehne ich ab, lasse ich nicht zu, weil ich ihn als schlecht, unvollkommen oder niedrig ansehe? Wenn ich alles in mir und an mir liebevoll annehmen kann, dann lehne ich auch am anderen nichts mehr ab, kann ihn so annehmen, wie er ist. Dann habe ich die ursächliche Energie meiner Aggressionen erkannt und aufgelöst, denn eine Wirklichkeit verschwindet nicht, indem ich wegschaue, sondern indem ich sinnvoll damit umgehe. So ist der weit verbreitete Kampf gegen Krankheit und Symptome nicht nur wenig sinnvoll, sondern sogar schädlich, denn die Krankheit ist der Lehrer auf dem Weg zum Heil, zur Vollkommenheit. Bestenfalls könnte man sich auf die alte Weisheit besinnen: »Vorbeugen ist besser als Heilen« und sich beugen, bevor die Krankheit uns dazu zwingt.

Die Krankheit lehrt uns, gesund zu leben, aber nicht nur so lange, bis das Symptom verschwunden ist, um dann genauso falsch wie vorher weiterzumachen, sondern das gesunde Verhalten ein Leben lang beizubehalten, sonst zwingen wir das Leben nur, die noch nicht verwirklichte Lektion zu wiederholen. Schon Hippokrates stellte vor 2500 Jahren fest, dass Krankheiten aus einer falschen Lebensweise entstehen, und so können sie auch durch eine richtige Lebensweise wieder geheilt werden. Doch jedes Leben, jeder Mensch hat seine eigene Wahrheit, die es zu finden und zu leben gilt.

Natürlich müssen durch das inhaltliche Hinterfragen nicht zwangsläufig äußere Maßnahmen vernachlässigt werden. Sie werden damit weder verhindert noch überflüssig. Bei einem Blinddarmdurchbruch stellt sich ja auch nicht die Frage: »Hinterfragen oder operieren?«, sondern beides ist erforderlich, damit wir eine Chance haben, von unserer Erkenntnis auch noch zu profitieren, indem wir sie leben.

Es geht also nicht darum, entweder das eine oder das andere zu tun, sondern sowohl das eine als auch das andere. Doch sind die meisten Symptome nicht lebensbedrohend, sodass wir erst die Ursache erkennen und auflösen können, um dann zu prüfen, welche äußeren Maßnahmen hilfreich sein können. Meist zeigt sich, dass der Körper das Symptom von sich aus auflöst, wenn die Ursache beseitigt ist.

Nun könnte sich die Frage stellen: »Wie werde ich denn mit all dem neuen Wissen gesund? Was ist zu tun?« Die Antwort ist immer die gleiche – hinschauen und achtsam bleiben. Denn die Wirklichkeit ändert sich, wenn ich meine Sichtweise ändere – wenn ich zur »Ein-Sicht« komme. Zur »Ein-Sicht« komme ich, wenn ich mich selbst erkenne, wenn ich erkenne, wer ich wirklich bin. Wenn ich erkenne: Das kleine Ich, das in der Illusion der Trennung lebt, macht krank, das Selbst aber IST heil.

So kann wahre Heilung nur durch das Auflösen der Illusion der Trennung kommen, durch Beendigung der Gefangenschaft in der Dualität und Heimkehr in die Einheit des wahren Seins. Das ist gleichzeitig der Sinn einer jeden Inkarnation, und diesem Ziel dient die ganze Schöpfung. Auf diesem Weg ist jedes Symptom mein Freund und Lehrer, will mir helfen, einen weiteren Schritt zu tun, um dem Ziel näher zu kommen – mir SELBST!

Unser Leben ist eine einmalige Melodie, die wir auf dem Instrument des Lebens spielen. Dabei reden die anderen uns oft ein, dass wir nicht spielen können und welche Melodie für uns gut sei. Doch es geht um Ihr Leben, für das Sie ganz allein verantwortlich sind. Ganz gleich, welches Lied Sie spielen oder spielen lassen, *Sie tragen die Folgen!*

Fangen Sie an, Ihr Lied selbst zu bestimmen, und sollten Sie einmal einen falschen Ton anschlagen, so denken Sie daran, keiner, der hier ist, spielt fehlerfrei. Aber wir haben die Chance, aus unseren Fehlern zu lernen, sodass die Melodie Ihres Lebens immer reiner, immer vollkommener erklingt, eine Melodie, die Ihnen Gesundheit, Liebe und Harmonie schenkt, vor allem aber Freude, denn das »Spiel des Lebens« findet Ihnen zur Freude statt.

Gesundheit ist Ausdruck vollkommener göttlicher Ordnung und bedeutet Heilsein im höchsten Sinne.

Wenn ein Mensch sich in vollkommener Harmonie mit der Natur, seinen Mitmenschen und Gott befindet, dann kann er von sich sagen, dass er wirklich gesund ist.

Der Erwachte erkennt: Niemand kann mir schaden als ich selbst. Alles Leid, das ich erfahre, kommt aus mir, und auch unglücklich bin ich nur durch mich. Aber was da leidet und unglücklich ist, bin gar nicht ICH SELBST, sondern es ist die endliche Person, mit der ich mich derzeit identifiziere.

Und wenn Ihnen Ihr Körper wieder einmal eine Botschaft in der »Sprache der Symptome« schickt, dann verstehen Sie und wissen, was zu tun ist. Selbst das Wort »unheilbar« bedeutet dann nur, dass die Krankheit mit äußeren Mitteln nicht zu heilen ist, und ist damit eine Aufforderung, nach innen zu gehen und dem Körper die richtige Antwort auf seine Botschaft zu geben. Sie wissen, dass Ihr Körper in Wahrheit ein guter Freund ist, der Sie mit der Krankheit nicht ärgern möchte, sondern Sie in seiner Sprache um Hilfe bittet, damit er Ihnen dienen kann, bis Ihre Aufgabe in der Schule des Lebens erfüllt ist.

Um in jedem Augenblick »stimmig« zu sein, braucht es eine ständige meditative Innenschau und die Bereitschaft, das so Erkannte auch praktisch zu leben. Leben in der Einheit mit dem Leben, im Zwiegespräch mit dem ICH BIN. Das ist gelebte Weisheit, die ideale Verbindung von Meditation und Alltag.

Spielen Sie die Hauptrolle in Ihrem Leben!

Fangen Sie an, in Ihrem Leben die Hauptrolle zu spielen. Denn nur wer die Hauptrolle in seinem Leben spielt, der übernimmt auch die Verantwortung für seine Gesundheit, der schafft sich schon im ersten Akt eine gesunde Lebensweise. Das geht ganz rigoros ab heute los.

Das ist der *erste Schritt:* Was gefällt mir nicht in meinem Leben? Machen Sie einmal eine Liste von all den Dingen, die Ihnen in Ihrem Leben nicht gefallen. Und dann schmeißen Sie eins nach dem anderen raus. Sie werden sehen: Mindestens die Hälfte Ihrer Bekannten gehören nicht mehr in Ihr Leben, wahrscheinlich mehr. Wir haben eine ganze Reihe Gewohnheitsbekannte und ganz seltsame gesellschaftliche Rituale. Wir nennen das gesellschaftliche Verpflichtungen oder Gepflogenheiten.

Wenn Sie einigermaßen losgeworden sind, was Sie an Ihrem Leben wirklich stört, was unstimmig geworden ist, dann folgt der *zweite Schritt:* Jetzt fliegt alles raus, was Sie nicht wirklich glücklich macht. Sie werden auf einmal entdecken, wie viel Sie loslassen können.

Dann kommt der entscheidende, *dritte Schritt:* Was würde mir denn Freude machen, wenn es Bestandteil meines Lebens wäre oder wenn es öfter passierte? Zum Beispiel der Wechsel Ihrer Tätigkeit. Der Schritt vom Beruf zur Berufung, zu dem, was Sie frohen Herzens genießen.

Da sind wir schon beim nächsten, beim *vierten Schritt:*

Lernen Sie dabei die Kunst des Genießens. Machen Sie Freundlichkeit und Aufgeschlossenheit zu Ihrem natürlichen Verhalten.

Erwarten Sie aber nicht, dass die anderen das auch tun. Tun Sie es, weil Sie sich dabei wohler fühlen. Lassen Sie die anderen sein, wie sie sind. So räumen Sie auf und fangen an, Ihr Leben zu leben – Ihr märchenhaftes Leben zu leben.

Gesundheit ist eine unverzichtbare Voraussetzung dafür, denn wenn Sie krank sind, können Sie nicht mehr märchenhaft leben. Dann macht es einfach keine Freude. Also, erst werden Sie einmal gesund. Während Sie gesund werden, planen Sie schon Ihr märchenhaftes Leben.

1. Rausschmeißen, was stört.

2. Loslassen, was nicht wirklich glücklich macht.

3. In Ihr Leben ziehen, manifestieren, was wirklich gut tut, was Ihnen Freude macht.

4. Es auch wirklich genießen. Leben Sie nicht nur, sondern genießen Sie es.

Freuen Sie sich auf jeden neuen Tag.

Wenn Sie noch einen letzten, *fünften Schritt* tun wollen, um wirklich die Hauptrolle in Ihrem Leben zu spielen: Seien Sie ein Segen für jeden, der das Glück hat, Ihnen zu begegnen. Wenn Sie jemanden treffen, fragen Sie sich: »Wie kann ich diesem Menschen zum Segen werden?« Sorgen Sie dafür, dass es ein Glück ist, Ihnen zu begegnen.

**Im Buchhandel und Internet finden Sie stets brand-
aktuelle Themen, sowie zeitlose Wissensschätze von
*Kurt Tepperwein!***

Folgende Bücher und E-Books können Sie direkt über den BoD-Verlag
(www.bod.de/www.bod.ch) detailliert einsehen, bevor Sie sich für Ihr
Wunschthema entscheiden:

- Ab heute bin ich frei!
- Bäume ausreißen! – Trainingsheft für mehr Motivation
- Berufskrise ade! – Frei sein von Arbeitssucht, Stress, Burn-
  out, Mobbing, Innerer Kündigung und Arbeitslosigkeit
  Bewusstseinssprung in eine neue Dimension
- Blinddate mit Magen und Darm
- Bring Farbe in dein Leben mit Dankbarkeit
- Bring Farbe in dein Leben mit einem einfachen Lächeln
- Bring Farbe in dein Leben mit Heiterkeit
- Bring Farbe in dein Leben mit Herzensfülle
- Bring Farbe in dein Leben mit Hingabe pur
- Bring Farbe in dein Leben mit Liebesweisheit
- Bring Farbe in dein Leben mit Seelenkraft
- Bring Farbe in dein Leben mit Stille in dir
- Bring Farbe in dein Leben mit Wertschätzung
- Bring Farbe in dein Leben mit Zeitlosigkeit
- Das Buch der Erfolgsgesetze
- Die hohe Schule des Lebens
- Die Kunst mühelosen Lernens
- Die Praxis der geistigen Gesetze
- Die Renaissance der Frauenpower – 7 Schritte zur Liebesfähigkeit
- Du bist wie du bist!
- Ein Leben ohne Ängste und Sorgen? – Trainingsheft für mehr
  Lebensqualität
- Einfach nur schön
- Endlich wieder FIT! – Trainingsheft zur Gesunderhaltung
- Erwachen zum wahren Sein
- Folge deinem Leitstern
- Frau sein – ganz sein, Mentaltraining für eine neue Weiblichkeit
- Geistheilung durch sich selbst
- Gelassenheit
- Gelebte Achtsamkeit